POUVOIRS

REVUE FRANÇAISE D'ÉTUDES CONSTITUTIONNELLES ET POLITIQUES

MATIGNON

N° 192

Il est de bon ton de considérer que la dyarchie exécutive en France a tourné au seul avantage de la fonction présidentielle. Le Premier ministre serait réduit au statut de « collaborateur » d'un président de la République tout-puissant. Cette tendance de fond, accélérée depuis l'avènement du quinquennat, existe. Mais elle cache une réalité bien plus nuancée que s'efforce d'éclairer cette livraison de Pouvoirs, *peu après les élections législatives de 2024 et la formation d'un gouvernement minoritaire.*

On y verra que, à défaut d'en constituer la clé de voûte, Matignon est bien le centre névralgique de notre système institutionnel, comme le montrent ses relations avec l'Élysée, les autres ministres, le Parlement ou le Conseil constitutionnel. Le Premier ministre peut compter sur des moyens considérables : son cabinet, dont le directeur est un personnage aussi important que discret, mais également ses services, au cœur desquels œuvre le Secrétariat général du gouvernement. Qui plus est, Matignon dispose d'un pouvoir normatif qui lui assure une certaine autonomie.

Mais Matignon n'est pas seulement une belle mécanique administrative. Le Premier ministre a un poids politique qui lui vaut le titre de « chef de la majorité », avec tout ce que cela comporte d'ambiguïté et de fragilité lorsque ladite majorité est avant tout présidentielle. Si l'on note qu'est peu démentie la loi d'airain selon laquelle président de la République et Premier ministre font rarement longtemps bon ménage, c'est sans doute en raison d'une autre loi tout aussi constante : nul n'entre à l'hôtel de Matignon sans penser qu'un autre destin s'ouvre à lui. Pourtant, peu parvinrent à l'Élysée. Jamais aussitôt – si l'on excepte de Gaulle mais d'une République à l'autre –, plus tard à deux reprises seulement. Ceux qui subirent la « malédiction » de Matignon eurent ensuite des trajectoires souvent en deçà de leurs mérites ou de leurs ambitions. Matignon, « terminus des prétentieux » pour reprendre les mots d'Audiard ? L'histoire nous le dira.

ÉRIC THIERS

SOMMAIRE

www.revue-pouvoirs.fr

MATIGNON EST ÉTUDIÉ PAR

Marc Olivier Baruch, historien, administrateur général honoraire de l'État, directeur d'études émérite à l'EHESS. On lui doit en particulier *Des lois indignes ? Les historiens, la politique et le droit* (Tallandier, 2013).

Aurélie Bretonneau, conseillère d'État, directrice au Secrétariat général du gouvernement, adjointe à la secrétaire générale (aurelie.bretonneau@sgg.pm.gouv.fr).

Matthieu Caron, maître de conférences HDR en droit public à l'IEP de Lille et à l'université polytechnique Hauts-de-France, cofondateur de l'Observatoire de l'éthique publique. Il a notamment publié *Droit gouvernemental. Finalités théoriques, pratiques et démocratiques* (IFJD, 2023) (matthieu.caron@sciencespo-lille.eu).

Françoise Dreyfus, professeure émérite de science politique à l'université Paris 1 Panthéon-Sorbonne, membre du Centre européen de sociologie et de science politique (CESSP). Elle a récemment signé « Les hauts fonctionnaires et la politique » dans *Nouveau manuel de science politique* (3e éd., La Découverte, 2024) (fdreyfus@univ-paris1.fr).

Delphine Dulong, professeure de science politique à l'université Paris 1 Panthéon-Sorbonne, membre du CESSP. Elle est l'auteure de *Premier ministre* (CNRS Éditions, 2021).

Brigitte Gaïti, professeure de science politique à l'université Paris 1 Panthéon-Sorbonne, membre du CESSP. Elle a signé en particulier « Gouverner le gouvernement : les trajectoires des politiques de coordination gouvernementale en France (1934-2019) » dans la *Revue française d'administration publique* (n° 179, 2019) (brigitte.gaiti@univ-paris1.fr).

Pierre-Emmanuel Guigo, maître de conférences en histoire à l'université Paris-Est Créteil, membre du Centre de recherche en histoire européenne comparée, membre du comité de rédaction de la revue *Le Temps des médias*. Il a notamment codirigé *Presidents, Prime Ministers and Majorities: The Complex Dynamics of the French Fifth Republic* (Palgrave Macmillan, 2024).

Christophe Le Digol, maître de conférences en science politique à l'université Paris Nanterre. Il est l'auteur de *Gauche-droite : la fin d'un clivage ? Sociologie d'une révolution symbolique* (Le Bord de l'eau, 2018) (cledigol@parisnanterre.fr)

Basile Ridard, maître de conférences en droit public à l'université de Lille, membre du centre de recherche Droits et perspectives du droit. Il a publié *L'Encadrement du temps parlementaire dans la procédure législative. Étude comparée : Allemagne, Espagne, France, Royaume-Uni* (Institut universitaire Varenne, 2018) (basile.ridard@univ-lille.fr).

Charles-Édouard Sénac, professeur de droit public à l'université de Bordeaux, membre du Centre d'études et de recherches comparatives sur les constitutions, les libertés et l'État. Il a été chargé de mission au sein du service juridique du Conseil constitutionnel (2010-2012).

Pierre-Emmanuel Guigo

Genèse des premiers ministres

Si le poste de Premier ministre de la Ve République n'est plus guère discuté aujourd'hui, il n'a en fait rien d'évident dans le jeu institutionnel. Il s'inscrit dans ce que Maurice Duverger a qualifié de régimes semi-présidentiels, qui voient cohabiter président élu au suffrage universel et Premier ministre dont la légitimité émane de la majorité parlementaire[1]. Plusieurs sociétés à travers l'histoire ont vécu sans Premier ministre à côté des souverains. Ainsi des cités antiques qui privilégient un pouvoir collégial, partagé entre plusieurs magistrats. Dans les régimes où le souverain est le peuple, l'idée d'un numéro deux qui fasse écran entre pouvoir exécutif et les représentants du peuple est aussi rejetée. On peut d'ailleurs remarquer que les deux régimes républicains qui ont précédé la Ve n'avaient pas choisi cette option d'une dyarchie à la tête de l'État, le président du Conseil étant en réalité le véritable numéro un de l'exécutif.

Si le numéro deux est évité, c'est aussi parce qu'il peut avoir mauvaise presse. La fiction donne à voir de nombreuses figures de numéro deux ambitieuses et maléfiques, à l'image du Jafar d'*Aladin*, de l'Iznogoud de René Goscinny, ou encore du Richelieu d'Alexandre Dumas dans *Les Trois Mousquetaires*. Machiavel lui-même, au chapitre XXIII de son *Prince*, déconseille de s'en remettre à un conseiller trop puissant qui ne manquera pas de vouloir remplacer le souverain[2]. Jean Bodin le rejoint en considérant qu'il y a un grand péril à confier le pouvoir à un seul « magistrat » en dessous du souverain : « Aussi la puissance souveraine de commander à tous magistrats, & officiers sans exception, ne se doit donner à un seul[3]. » Quant au juriste

1. *Échec au roi*, Paris, Albin Michel, 1977.
2. *Il principe*, éd. Mario Martelli, Rome, Salerno, 2006, p. 296.
3. *Les Six Livres de la République*, Paris, Jacques du Puys, 1576, livre III, chap. VI, p. 366-367.

saxon Schmid, il voit l'origine de ce numéro deux maléfique dans la figure biblique d'Aman, conseiller d'Assuérus qui voulut détruire le peuple juif (Esther)[4]. L'histoire a d'ailleurs pu confirmer ces craintes ; ainsi des maires du palais qui ont fini par remplacer sur le trône les rois mérovingiens[5].

Sous la Vᵉ République, les figures de Premier ministre soupçonnées de menacer le pouvoir du président sont assez courantes, de Jacques Chaban-Delmas à Manuel Valls, en passant par Michel Rocard[6]. Cela amènera Georges Pompidou à recommander la prudence à ses successeurs dans leur choix : « Je suis convaincu que les futurs présidents de la République, quels qu'ils soient, seront conduits à choisir comme Premiers ministres des hommes qui leur soient étroitement liés, sur le plan non seulement politique, mais intellectuel et personnel, et dont ils n'aient jamais à redouter, je ne dis pas l'indépendance de pensée et d'expression – qui est essentielle – mais la concurrence[7]. »

Sujet à la suspicion, le numéro deux a aussi une position compliquée, prise en tenailles entre le chef de l'État et le Parlement ou la cour dans les régimes non démocratiques. Il sert souvent de fusible pour le souverain et fait des envieux dans l'entourage, nombreux voulant prendre sa place. Ainsi, dans le califat abbasside (750-1258), les vizirs, soumis à cette double pression, ne restent guère plus de trois ans en fonction[8]. Pour le politiste Olivier Rozenberg, le régime semi-présidentiel de la Vᵉ République a tendance à accroître les conflits en créant une dualité souvent conflictuelle à la tête de l'exécutif[9].

En cheminant à travers l'histoire, nous chercherons donc à comprendre comment émerge cette figure de numéro deux, au point d'être institutionnalisée en France sous la Vᵉ République avec la fonction de Premier ministre.

Le numéro deux : un rôle essentiel

Les sociétés prémodernes fonctionnant sur une base collégiale évitent la dichotomie numéro un-numéro deux en répartissant le pouvoir sur

---

4. *Dissertatio historica de ministrissimis*, Iéna, Muller, 1712.

5. Yves Sassier, *Royauté et idéologies au Moyen Âge*, 2ᵉ éd., Paris, Armand Colin, 2012, chap. 3.

6. Pierre-Emmanuel Guigo, « Être calife à la place du calife ? La trahison réelle et supposée des numéros 2 du pouvoir en France (1958-2020) », *Cahiers d'Agora*, n° 6, 2022 (en ligne).

7. *Le Nœud gordien*, Paris, Plon, 1974, p. 65.

8. Rémy Gareil, « Devenir vizir à la place du vizir. Rivalités et jeux de pouvoir à la cour d'al-Muqtadir », *in* Pierre-Emmanuel Guigo et Warren Pezé (dir.), *Être le numéro deux. Une histoire des rapports de pouvoir à la tête de l'État. Suivi d'un entretien avec Jean-Pierre Raffarin*, Rennes, PUR, 2024, p. 127-140.

9. « Les périls du semi-présidentialisme », *Pouvoirs*, n° 184, 2023, p. 37-50 (en accès libre sur Revue-Pouvoirs.fr).

plusieurs magistrats, à l'image des cités antiques. Il peut même y avoir plusieurs numéros un dont le pouvoir s'annule, à l'image des rois spartiates ou des consuls romains. Cependant, dans les régimes monarchiques, la division progressive du travail politique amène à la complexification des pouvoirs et à l'apparition d'un numéro deux[10]. Dès les sociétés prémodernes on voit donc émerger une personne de l'élite dotée d'un pouvoir sur l'administration, les finances ou la gestion du domaine royal et des fiefs : c'est respectivement le cas du maire du palais du haut Moyen Âge, du chancelier, du grand argentier, ou encore du vizir dans les califats islamiques médiévaux, puis dans l'Empire ottoman. Sous le principat romain, le renforcement du pouvoir impérial amène au renforcement du préfet du prétoire, qui devient la figure la plus influente après l'empereur, à l'image de Séjan sous Tibère.

Mais c'est vraiment à partir du XVIIe siècle, dans les sociétés d'Europe occidentale, que ce statut de « ministrissime », comme on le désigne couramment alors[11], s'impose, en lien avec le renforcement absolutiste du pouvoir royal et le développement de l'appareil d'État[12]. Les dirigeants politiques en viennent à s'entourer de ministres, d'entourages dont certains accroissent tellement leur pouvoir qu'ils finissent par se distinguer comme des numéros deux ; ainsi de Sully, des cardinaux Richelieu et Mazarin ou, en Espagne, du comte-duc d'Olivares[13].

Leur rôle devient vite essentiel dans des régimes où le souverain ne peut tout faire. Le fonctionnaire et écrivain du siècle des Lumières Friedrich Carl von Moser voit dans le Premier ministre « la Charnière qui sert à ouvrir & fermer le tout, le grand Ressort, qui donne le mouvement à la Montre[14] ». Pour son contemporain le juriste Johann Heinrich Gottlob von Justi, les ministrissimes sont les intercesseurs obligatoires pour l'attribution des charges et des dignités[15]. Quant au constitutionnaliste Guy Carcassonne,

10. Max Weber, *La Domination* (1922), Paris, La Découverte, 2013, p. 235-237.

11. Wilhelm Freiherr von Schröder, *Fürstiche Schatz- und Rentkammer*, Leipzig, Fritschen, 1721, p. 463-484.

12. Pierre-Emmanuel Guigo et Warren Pezé, « Le numéro deux en histoire et en sciences politiques », introduction à *id.* (dir.), *Être le numéro deux*, *op. cit.*, p. 15.

13. Cf. respectivement Laurent Avezou, *Sully. Bâtisseur de la France moderne*, Paris, Tallandier, 2024 ; François Hildesheimer, *Richelieu*, Paris, Flammarion, 2021 ; Geoffrey Treasure, *Mazarin: The Crisis of Absolutism in France*, Londres, Routledge, 1995 ; Marion Duchesne, « Un second, des seconds dans la monarchie espagnole au XVIIe siècle ? Le ministre-favori face aux puînés royaux (1621-1632) », *in* Pierre-Emmanuel Guigo et Warren Pezé (dir.), *Être le numéro deux*, *op. cit.*, p. 175-186.

14. *Idée d'un bon gouvernement, ou traduction de l'ouvrage allemand de Mr. de Moser connu sous le titre « der Herr und der Diener »*, t. 2, s. l. n. é., 1761, p. 198-200.

15. *Der Grundriss einer guten Regierung*, Francfort-Leipzig, Johann Gottlieb Garbe, 1759.

il décrit le Premier ministre comme « la clé de voûte » des institutions parce qu'il est « à l'articulation entre tous les pouvoirs[16] ».

Ces seconds se distinguent par leur intermédiarité, c'est-à-dire leur capacité à faire courroie de transmission entre le chef de l'État et les autres gouvernants ou le Parlement dans les régimes représentatifs. Depuis la Constitution de 1791, le roi puis les présidents ne pouvaient aller parler directement aux députés, leur seul moyen de communication étant l'écrit, ensuite lu devant les chambres. C'était au président du Conseil (Premier ministre d'alors) et aux ministres que revenait le pouvoir de s'exprimer devant les parlementaires. Les lois constitutionnelles de la IIIe République ne décrivent pas ainsi le rôle de président du Conseil. C'est la nécessité d'avoir un relais entre le pouvoir législatif tout-puissant et l'exécutif qui donne à ce rôle toute son importance, après l'affaiblissement du pouvoir

présidentiel à la fin des années 1870.

En s'occupant des politiques quotidiennes, le numéro deux permet au souverain de se consacrer aux sujets principaux. Dimension que l'on retrouve aussi sous la Ve République, avec un Premier ministre concentré sur la politique intérieure et un chef de l'État se consacrant au « domaine réservé », selon la célèbre formule de Jacques Chaban-Delmas.

Reconnaître le numéro deux

Distinguer clairement un numéro deux n'est pas toujours aisé, en particulier dans les régimes où les institutions ne sont pas précisément décrites par une constitution. Différents ministres peuvent ainsi se partager des pouvoirs importants et se trouvent en concurrence. Situation que l'on retrouve aussi parfois dans les régimes modernes, à l'image des régimes totalitaires qui, autour du chef unique, mettent en compétition plusieurs numéros deux, comme Goebbels, Göring et Himmler dans le régime nazi. Même sous la Ve République, le Premier ministre peut se retrouver concurrencé par des numéros deux informels, comme des ministres tout-puissants (Nicolas Sarkozy, Dominique de Villepin, François Fillon dans le gouvernement de Jean-Pierre Raffarin[17]) ou le secrétaire général de l'Élysée (Claude Guéant sous Nicolas Sarkozy ou Alexis Kohler pour Emmanuel Macron).

Le véritable numéro deux se distingue par toute une série de caractéristiques. D'abord, la reconnaissance formelle conférée par les institutions dans

---

16. *La Constitution*, 16e éd., Paris, Points, 2022, p. 133.

17. Entretien avec Jean-Pierre Raffarin *in* Pierre-Emmanuel Guigo et Warren Pezé (dir.), *Être le numéro deux*, *op. cit.*, p. 283-300.

les régimes modernes, le cumul des charges et des récompenses symboliques dans les sociétés anciennes. Contrairement à l'éminence grise, il est un personnage public, médiatisé.

Il bénéficie de pouvoirs larges, nettement supérieurs aux autres ministres. Le pouvoir de nomination, souvent partagé avec le principal dirigeant, est une de ses caractéristiques les plus importantes. Cela lui assure le contrôle sur l'appareil d'État. Ainsi, à la mort de Mazarin, en 1661, le ministère des Finances, à lui seul, ne compte pas moins de cent quatorze « créatures » du cardinal[18]. Sous la Ve République, une partie importante du travail du Premier ministre, en lien avec le chef de l'État, consiste à nommer aux plus hautes fonctions publiques, afin, notamment, de renforcer son influence. Ce qui ne va d'ailleurs pas sans déplaire, comme le note François Mitterrand lorsqu'on lui suggère deux ambassades pour des anciens collaborateurs de son Premier ministre, Michel Rocard : « Nommer à la fois deux membres importants du cabinet du Premier ministre est psychologiquement fâcheux[19]. »

Il exerce une influence majeure sur les comptes de l'État. Le préfet du prétoire de l'Empire romain tardif a ainsi en charge la collecte des impôts, activité stratégique par excellence, et le grand argentier de la cour, comme Jacques Cœur, est l'homme clé des Finances sous la monarchie médiévale. Encore aujourd'hui, le Premier ministre de la Ve République porte, avec le ministre du Budget, le projet de loi de finances et réalise les arbitrages budgétaires avec les ministres.

Le second du pouvoir se différencie des autres membres de l'entourage par un accès direct au prince qui représente à la fois un honneur et un levier de pouvoir auprès du reste de la cour et du gouvernement. Le grand chambellan de l'Ancien Régime a directement accès à la chambre du roi. Plus tard, Richelieu s'installe près du Louvre pour voir Louis XIII tous les jours[20]. De même sous la Ve République, le Premier ministre et le président se voient en tête à tête au moins deux fois par semaine[21].

Pour éviter aussi bien le risque d'un numéro deux remplaçant le numéro un que le renvoi du Premier ministre par le chef de l'État, la confiance est un élément essentiel de leur relation. Comme le souligne Marie-Catherine

18. Geoffrey Treasure, *Mazarin*, *op. cit.*, p. 91.

19. Annotations sur une note sur les nominations de diplomates datée du 14 mai 1990 (Archives nationales, fonds François Mitterrand, AG/5(4)/JLB/13, dossier « Roland Dumas »).

20. « Louis XIII et Richelieu : faveur et ministère », *in* Pierre-Emmanuel Guigo et Warren Pezé (dir.), *Être le numéro deux*, *op. cit.*, p. 187-204.

21. Pierre-Emmanuel Guigo, « Jours tranquilles à Matignon : gérer la semaine de Pierre Mauroy entre Lille et Paris », *Sociétés & Représentations*, n° 52, 2021, p. 63-78.

Vignal Souleyreau, la longévité du duo Richelieu-Louis XIII tient aux liens personnels qu'ils ont noués. Jean-Pierre Raffarin va même jusqu'à parler d'une réelle amitié entre lui et Jacques Chirac, élément essentiel de leur bonne entente : « L'amitié est très importante. [...] Le Premier ministre peut prendre des coups, mais en retour il faut qu'on lui donne du soutien, qu'on ait une relation avec lui. C'est pour cela que ma relation avec Jacques Chirac était faite d'amitié[22]. »

Typologie des numéros deux

Dans notre ouvrage *Être le numéro deux*, nous distinguions quatre types de numéros deux.

Les favoris d'abord. Il s'agit de proches du souverain, parfois de modeste extraction et propulsés au sommet de l'État par la confiance du roi à qui ils doivent tout. C'est un schéma que l'on retrouve aussi bien chez les rois hellénistiques (les *philoi*) et les souverains d'Espagne (les *privados*) que, plus récemment, parmi les Premiers ministres choisis hors du champ politique classique (Georges Pompidou, Jean Castex).

Dans les dominations patrimoniales, l'appareil d'État se confond en partie avec la maison royale. Le *secundus a rege* sera donc pourvu de charges au départ domestiques, comme les chambellans, qui s'occupaient à l'origine de la chambre du roi. Ce type d'expression est d'ailleurs resté jusqu'à nos jours, les journalistes n'hésitant pas à qualifier Alexis Kohler, le tout-puissant secrétaire général de l'Élysée d'Emmanuel Macron, de « grand chambellan »[23]. Toujours au sujet de ces numéros deux « domestiques », on peut aussi rappeler le rôle des conjoints de dirigeant, à l'image des régentes de l'Ancien Régime ou de l'Augusta Galla Placidia pour l'empereur Constance III[24]. Et à l'époque contemporaine, on pourra interroger le rôle des épouses des présidents.

Les généraux peuvent également se distinguer comme numéro deux lors de phase de périls militaires, comme dans l'Empire romain des IIIe-IVe siècles ou la France de la guerre de Cent Ans, qui vit le connétable de Richemont se hisser au rang de favori de Charles VII. C'était aussi le cas dans l'Empire assyrien, dont le « second » était un généralissime[25].

---

22. Entretien cité, p. 296.
23. *Marianne*, 22 janvier 2022.
24. Maurits Sterk de Leeuw et Fabian Schulz, « Le numéro deux dans l'empire romain tardif (289-476) », *in* Pierre-Emmanuel Guigo et Warren Pezé (dir.), *Être le numéro deux*, *op. cit.*, p. 59-90.
25. Albert Kirk Grayson, « Assyrian Civilization », *in* John Boardman *et al.* (dir.), *The Cambridge Ancient History*, t. 3.2, 2e éd., Cambridge, Cambridge University Press, 1991, p. 200.

Le Premier ministre de la Ve République, pour sa part, s'inscrit plutôt dans une dernière catégorie, celle des numéros deux formels, dont la place est précisément désignée par des pratiques ritualisées ou par un cadre institutionnel, comme c'est le cas dans les démocraties contemporaines. Il dirige le gouvernement, mais se trouve en même temps en position de subalterne à l'égard du chef de l'État. Dans la lignée des ministrissimes du XVIIe siècle, il pilote un gouvernement dont il est clairement le supérieur. À l'image de Sully auprès d'Henri IV, le Premier ministre détient une délégation du pouvoir exécutif. Sous la Ve République, ses pouvoirs, définis notamment aux articles 21 et 39 de la Constitution de 1958, sont même considérables.

La difficulté d'être numéro deux

Raphaëlle Bacqué a titré son ouvrage consacré aux Premiers ministres *L'Enfer de Matignon*[26]. Cela en dit long sur la difficulté d'être second dans le champ politique. Subalterne, le numéro deux sert de fusible au souverain. C'est aussi souvent sur lui que retombent les dossiers épineux que ne veut traiter le principal pouvoir. Comme le soulignait avec humour Édouard Philippe lorsqu'un journaliste lui demandait si « tout remontait à Matignon » : « Non, juste les emmerdes. »[27] Ce rôle de paratonnerre du numéro deux permet de préserver le souverain de l'impopularité, comme l'observait déjà Machiavel dans *Le Prince* en s'inspirant de l'exemple de César Borgia, qui se servit de son fidèle Ramiro d'Orco pour pacifier la Romagne, avant de le faire exécuter une fois devenu trop impopulaire[28]. Dans l'Empire abbasside, les vizirs se succèdent rapidement pour éviter de trop menacer le pouvoir califal[29].

Le soupçon d'ambition qui pèse sur le numéro deux l'amène à devoir prouver en permanence sa fidélité. Michel Rocard appliquera à Matignon ce que son directeur de cabinet, Jean-Paul Huchon, a qualifié de stratégie du « génie des carpettes » : montrer une soumission sans faille au président de la République, quitte à le citer en permanence. Dans son discours de politique générale, Michel Rocard se référa ainsi onze fois à François Mitterrand pour décrire son action à venir.

Pour ne pas faire d'ombre au chef de l'État, le Premier ministre se doit d'appliquer le « devoir de grisaille » cher au même Michel Rocard.

26. Paris, Albin Michel, 2008.
27. *Le Parisien*, 4 juillet 2018.
28. *Il principe*, *op. cit.*, chap. VII, p. 136-138.
29. Rémy Gareil, « Devenir vizir à la place du vizir », chap. cité.

Il intervient peu médiatiquement, laissant la première place publique au président[30]. Mais cela signifie aussi qu'il ne peut se féliciter de ses propres succès, à quelques rares exceptions près. Ce sont souvent les présidents qui en sont crédités, et ce même si leur implication dans l'exécution a pu être moindre. Comme le souligne Maurice Duverger, « si le président de la République gouverne, le Premier ministre est réduit à l'impuissance ; si le Premier ministre gouverne, le président de la République s'efface[31] ».

Soumis à ces contraintes multiples, et utilisé comme paratonnerre, le destin des numéros deux est souvent funeste. Enguerrand de Marigny, après avoir servi Philippe le Bel comme grand chambellan et chancelier, est, après la mort du souverain, pendu au gibet de Montfaucon, son corps laissé à la vue de tous pendant deux ans. Jacques Cœur meurt, lui, en exil, ruiné. Pour les Premiers ministres de la Ve République, ce destin est en général moins tragique[32] – encore que l'on ne puisse oublier la fin traumatisante de Pierre Bérégovoy. Mais aucun ancien hôte de Matignon n'a été élu immédiatement président de la République. Les deux seuls anciens Premiers ministres à avoir accédé à l'Élysée ont dû attendre, près d'un an pour Georges Pompidou, pas moins de sept ans pour Jacques Chirac. Quant à tous les autres candidats, ils ont été battus, à l'image de Jacques Chirac (en 1988), d'Édouard Balladur, de Lionel Jospin ou de Manuel Valls (dès la primaire citoyenne de 2017).

*

Le Premier ministre apparaît ainsi comme la formalisation contemporaine d'un statut de numéro deux qui s'est déjà concrétisé plusieurs fois à travers l'histoire. Beaucoup des critères qui font l'ambiguïté et la singularité de l'hôte de Matignon se retrouvaient déjà chez les numéros deux des régimes précédents : soumission au numéro un, pouvoirs étendus, contrôle de l'appareil d'État, plaque tournante entre l'exécutif et le législatif.

La position difficile du Premier ministre, soumis rapidement à l'impopularité et en charge du plus désagréable, rejoint le destin peu enviable des numéros deux historiques. Mais, malgré cela, en raison d'une division du travail nécessaire et de par son rôle charnière, la fonction de Premier

30. Delphine Dulong, *Premier ministre*, Paris, CNRS Éditions, 2021, chap. 11.
31. Maurice Duverger, « Monsieur Debré existe-t-il ? », *La Nef*, n° 30, 1959, p. 3-8.
32. Voir, *infra*, Marc Olivier Baruch, « Après Matignon », p. 113-123.

ministre paraît difficile à supprimer. Pour preuve, François Hollande, certes victime d'au moins un de ses Premiers ministres, avait proposé en 2016 de supprimer ce poste pour aller vers un régime pleinement présidentiel, sans que l'idée eût de suite.

RÉSUMÉ

Comment l'histoire des numéros deux permet-elle de comprendre l'émergence de la fonction de Premier ministre ? Si leur position, soumise aux pressions tant du numéro un que du Parlement ou de la cour, est particulièrement difficile à occuper, elle s'avère nécessaire dès lors qu'un processus de division du travail est à l'œuvre. Le numéro deux est souvent la cheville ouvrière des organisations politiques poussées, faisant la jonction entre les différents pouvoirs. Les Premiers ministres de la Ve République sont donc en quelque sorte les héritiers des ministrissimes et vizirs des époques passées.

Delphine Dulong

Les relations entre l'Élysée et Matignon : un problème institutionnel de moins en moins personnel

La question des relations entre le président de la République et le Premier ministre est tout sauf anecdotique. C'est le « talon d'Achille » du régime (Jacques Chaban-Delmas), sa « fêlure » (Valéry Giscard d'Estaing). Car la Constitution de la Ve République établit un partage du pouvoir entre les deux institutions sans leur fixer de limites respectives. Or, avec la politisation du rôle présidentiel consécutive à la réforme de 1962, ce partage est devenu un enjeu et une source de conflits. Élus sur un programme qu'ils ne peuvent appliquer eux-mêmes faute de moyens, les présidents ont assez tôt tiré les conséquences de leur dépendance à Matignon. Dans ses mémoires, Georges Pompidou fait en effet la recommandation suivante à ses successeurs, sous la forme d'une prophétie : « Les futurs présidents de la République, quels qu'ils soient, seront conduits à choisir comme Premiers ministres des hommes qui leur soient étroitement liés, sur le plan non seulement politique, mais intellectuel et personnel, et dont ils n'aient jamais à redouter, je ne dis pas l'indépendance de pensée et d'expression – qui est essentielle – mais la concurrence[1]. »

De fait, la relation de fidélité du Premier ministre au président qui le nomme s'est peu à peu imposée comme une règle tacite de notre curieux régime parlementaire dans la mesure où elle conditionne la prééminence

1. *Le Nœud gordien*, Paris, Plon, 1974, p. 65.

présidentielle[2]. D'abord pragmatique et longtemps critiquée par l'opposition, elle devient légitime après l'alternance de 1981, lorsque François Mitterrand la fait sienne en nommant à Matignon un de ses plus fidèles « lieutenants » en la personne de Laurent Fabius. En 1984, Olivier Duhamel peut ainsi affirmer : « Le premier Premier ministre est une personnalité politique. Il est personnellement lié à la majorité parlementaire, relativement autonome à l'égard du président. [...] Le deuxième Premier ministre est un homme du président. [...] Le chef de l'État désigne un collaborateur personnel qui doit conduire la bataille des élections législatives[3]. »

Cependant, à peine énoncée, cette règle coutumière qui fait du Premier ministre une sorte de Janus à deux visages a été balayée par les trois cohabitations successives. Dans ce type de configurations politiques où le président est en minorité au Parlement, la majorité installe son chef à Matignon. François Mitterrand est ainsi contraint de nommer Jacques Chirac en 1986, puis Édouard Balladur en 1993, et en 1997 la coalition de la gauche plurielle impose Lionel Jospin. La dyarchie, rejetée par le général de Gaulle lors de sa célèbre conférence de presse de 1964, devient alors une réalité. Si les institutions y gagnent en équilibre, c'est au prix d'une conflictualité accrue au sein du pouvoir exécutif[4]. Car, comme l'écrit Jean Massot, les pouvoirs partagés entre le président et le Premier ministre se transforment en pouvoirs disputés[5]. Au terme de la troisième cohabitation, l'un et l'autre se mettent donc d'accord pour empêcher qu'une quatrième advienne. La durée du mandat présidentiel est alignée sur celle des députés en 2000 et le calendrier des élections nationales révisé en 2001 afin que l'élection des députés ait lieu juste après celle du président.

Durant les vingt années qui ont suivi, et jusqu'à ce que l'érosion du fait majoritaire puis la dissolution de 2024 ne viennent à nouveau rebattre les cartes, le choix du Premier ministre est une prérogative présidentielle *de facto* discrétionnaire. Les contraintes politiques – la dette envers un allié, la configuration partisane à l'Assemblée nationale –, qui limitaient tout particulièrement la marge de liberté des présidents en début de mandat, se sont desserrées. Ceux-ci n'ont plus craint en particulier la censure du gouvernement puisque les majorités parlementaires, élues sur leur programme dans la foulée de l'élection présidentielle et de la nomination du Premier ministre, étaient soudées à eux comme jamais. Pourtant, ils n'ont pas fait de la fidélité

2. Cf. Delphine Dulong, *Premier ministre*, Paris, CNRS Éditions, 2021.
3. « Le deuxième Premier ministre », *Le Monde*, 20 juillet 1984.
4. Cf. Marie-Anne Cohendet, *La Cohabitation. Leçons d'une expérience*, Paris, PUF, 1993.
5. *L'Arbitre et le Capitaine. Essai sur la responsabilité présidentielle*, Paris, Flammarion, 1987.

à leur personne une condition d'accès à Matignon. La prophétie de Georges Pompidou ne s'est pas réalisée. Car, avant comme après l'instauration du quinquennat, le choix du Premier ministre est le produit d'un calcul tactique qui vise à trouver le profil le mieux ajusté aux propriétés de la situation, telles du moins que celles-ci sont perçues par le président et construites par les médias. Ce calcul n'est donc pas totalement rationnel, ne serait-ce que parce qu'il dépend de l'histoire propre à chaque président. Surtout, il est de plus en plus contraint par l'ardente mais illusoire obligation de contrôler la communication dans un temps politique réduit par le quinquennat. Face à cette nouvelle contrainte, les présidents ont préféré renforcer leur contrôle sur le gouvernement plutôt que parier sur la servitude volontaire de leurs Premiers ministres.

Un calcul à la fois tactique et subjectif dans un contexte politique singulier

C'est Jacques Chirac qui rompt le premier avec la pratique de ses prédécesseurs. Ce président connaît mieux que personne les risques que recèle la dyarchie pour les avoir vécus deux fois comme Premier ministre, sous la présidence de Valéry Giscard d'Estaing (1974-1976), puis celle de François Mitterrand (1986-1988). Lâché par sa propre majorité à deux reprises (lors des élections présidentielles de 1988 et 1995), il sait combien la loyauté est une qualité aussi rare que précieuse en politique. Aussi, lorsqu'il accède pour la première fois à l'Élysée en 1995, c'est Alain Juppé, son « homme de confiance »[6], qu'il préfère à tout autre Premier ministrable. Ex-ministre des Affaires étrangères, il jouit en outre d'une bonne image et rassure les partenaires européens de la France qui doit exercer la présidence de l'Union. Par ailleurs, à la différence de Philippe Séguin, il peut réconcilier gaullistes et centristes après la guerre fratricide qu'ils viennent de se livrer pour la conquête de l'Élysée.

Pour son second mandat, et après cinq années de cohabitation, Jacques Chirac fait un tout autre choix en nommant Jean-Pierre Raffarin. Celui-ci n'est en effet pas un chiraquien de la première heure : centriste, il entame sa carrière politique sous la double tutelle de Valéry Giscard d'Estaing et René Monory. Il ne se rallie à Chirac qu'en 1995, lorsque ce dernier se réconcilie avec Giscard sur le dos de Balladur. Ce n'est donc pas un fidèle compagnon, mais ce n'est pas non plus un allié de poids. Bien que secrétaire général de l'UDF, « il n'a jamais été en première ligne de ces grandes

6. *La Croix*, 18 mai 1995.

manœuvres politiques et de ces affrontements de caciques où se forgeraient les destins nationaux[7] ». Le contexte électif, qui a vu pour la première fois le leader du Front national passer le premier tour de l'élection présidentielle, explique en grande partie ce choix. Il s'agit de ramener les électeurs frontistes dans le giron de la droite républicaine et l'identité stratégique de Jean-Pierre Raffarin peut y aider : récemment élu au Sénat, cet élu local[8] s'est forgé une image d'homme de terrain défendant les « petits » contre les « gros » lorsqu'il était ministre des PME, du Commerce et de l'Artisanat. Sans jamais avoir eu recours aux voix du Front national, il prétend incarner « la France d'en bas », celle dont on dit qu'elle a massivement voté pour l'extrême droite.

Avant comme après le quinquennat, le contexte politique continue donc de peser fortement dans les calculs du président, empêchant ainsi d'établir en la matière une règle universelle. Certes, François Hollande semble suivre les traces de Jacques Chirac en nommant un fidèle compagnon (en la personne de Jean-Marc Ayrault) puis un allié (Manuel Valls) ; tandis qu'Emmanuel Macron opte en arrivant à l'Élysée pour un profil comparable à celui de Jean-Pierre Raffarin en choisissant Édouard Philippe. Mais dans l'ensemble la diversité l'emporte sur la récurrence : au gré des configurations alternent à Matignon des professionnels de la politique plus ou moins jeunes et des hauts fonctionnaires avec ou sans expérience élective. Les Premiers ministres du XXIe siècle se distinguent toutefois de leurs prédécesseurs par leur relation de plus en plus distante au président. Jean-Marc Ayrault est le seul Premier ministre que l'on peut ranger parmi les fidèles compagnons depuis la mise en place du quinquennat ; François Fillon, le dernier des alliés de poids.

La communication gouvernementale : une obligation toujours plus ardente

Le gouvernement Raffarin marque une autre évolution sensible : l'importance accrue de la communication dans l'exercice du pouvoir exécutif. De fait, s'il n'est pas un poids lourd de la droite, ce vieux routier de la politique est l'un des plus professionnalisés en la matière. De 1981 à 1988, il a été chargé de la communication des collectivités territoriales au cabinet de conseil Bernard-Krief. Nul doute que cette expérience a pesé dans son recrutement. À Matignon, l'un de ses plus proches conseillers politiques,

7. *Le Monde*, 9 mai 2002.

8. Il a longtemps été conseiller municipal avant de devenir président du conseil régional de Poitou-Charentes.

Dominique Ambiel, est un producteur à succès d'émissions de téléréalité dont l'influence dépasse celle de son directeur de cabinet : après que celui-ci s'est ouvertement plaint de « la prise en compte accrue de la communication dans la prise de décision[9] », il est limogé et l'ex-directeur général de la gendarmerie nationale est alors remplacé par un haut fonctionnaire plus familier des médias[10].

Ces changements ne sont pas uniquement liés à la conjoncture électorale. La libéralisation du paysage audiovisuel au milieu des années 1980 puis la révolution numérique ont profondément bouleversé l'économie de la compétition politique. Les coups politiques sont désormais pour beaucoup des coups médiatiques et leur efficacité dépend bien plus qu'auparavant de l'appréciation qu'en font journalistes et sondeurs[11]. Preuves s'il en faut de la centralité qu'a prise le jeu politique en direction des médias, le nombre de conseillers en communication entourant les Premiers ministres a considérablement augmenté[12]. Pour ne prendre qu'un exemple significatif, le cabinet de Jean-Marc Ayrault, lui-même peu investi dans la communication gouvernementale, ne compte pas moins de huit conseillers « presse » ou « communication », auxquels s'ajoutent deux conseillers « discours ». C'est trois fois plus que pour les cabinets Debré et Pompidou réunis.

La promotion à Matignon de jeunes professionnels de la politique experts en communication comme Manuel Valls (qui a été chargé de la communication de Lionel Jospin à Matignon) et Gabriel Attal (qui se démarque des autres députés du groupe Renaissance par son activisme médiatique) est un autre indicateur du poids croissant de la communication. Recrutés avec plus de capital médiatique[13] que politique, ces deux Premiers ministres consacrent une part importante de leur emploi du temps à communiquer, avec pour mission de faire remonter la cote de popularité du pouvoir exécutif. Le poids des sondages dans la vie politique n'est certes pas nouveau. Mais avec le quinquennat leur influence est renforcée *via* la pression des parlementaires de la majorité. Le mandat de ces derniers étant désormais très lié à celui du président, ils perçoivent sa décote comme une menace susceptible

9. *Le Monde*, 3 juillet 2002.

10. En l'occurrence Michel Boyon, qui a été administrateur de France 2 et de l'AFP, ainsi que président de Radio France.

11. Jérémie Nollet, *Des décisions publiques médiatiques ? Sociologie de l'emprise du journalisme sur les politiques de sécurité sanitaire des aliments*, thèse de science politique, IEP de Lille, 2010.

12. Cf. *Revue française d'administration publique*, n° 168, *Sociographie des cabinets ministériels*, Paris, La Documentation française, 2018.

13. Sur cette notion, cf. Clément Desrumaux et Jérémie Nollet (dir.), *Un capital médiatique ? Usages et légitimation de la médiatisation en politique*, Rennes, PUR, 2021.

d'entraver leur réélection. Même un « pro » comme Jean-Pierre Raffarin n'y résiste pas : après le scandale de la canicule à l'été 2003, la tendance à la baisse qu'amorce sa cote de popularité agit comme un siphon en entraînant la fuite de ses soutiens au Parlement comme à l'UMP.

Le départ de ce Premier ministre montre à cet égard que, si la maîtrise de la communication tend à devenir une ardente obligation pour accéder à Matignon, elle ne suffit pas pour y rester. Pire, cette nouvelle compétence requise débouche sur une impasse. Car depuis l'éviction de Jacques Chaban-Delmas au début des années 1970, la coutume veut que Matignon ne se mette pas en valeur pour mieux donner à voir la prééminence présidentielle[14]. Les Premiers ministres s'imposent donc tous « un devoir de grisaille », selon la formule de Michel Rocard[15]. C'est l'une des raisons pour lesquelles Matignon n'est pas l'antichambre de l'Élysée[16] : difficile à ce poste d'accumuler du capital politique, sauf à trouver des soutiens au Parlement. Mais ceux qui s'y essaient avec succès (comme François Fillon) ou qui ne font pas profil bas (comme Manuel Valls) sont aussitôt accusés de crime de lèse-majesté. François Hollande a très bien résumé le problème : « Si le Premier ministre est fidèle et se contente de mettre en œuvre la politique décidée à l'Élysée, il ne prend pas d'épaisseur. Très vite on fustige sa transparence, on déplore l'effacement de Matignon pour critiquer la concentration des pouvoirs à l'Élysée. Mais si le Premier ministre gagne en autonomie, s'il vole de ses propres ailes, s'il imprime une marque originale, on ne tarde pas à en faire un concurrent du président, introduisant *de facto* une dyarchie au sommet de l'État qui se termine à chaque fois par une rupture[17]. »

Le renforcement du dispositif disciplinaire

Cette impasse explique en grande partie pourquoi la fidélité n'est plus privilégiée par les présidents dans le choix de leur Premier ministre. Tout se passe comme s'ils avaient retenu cette leçon de l'histoire : quelles que soient les relations entre les personnes, l'Élysée et Matignon ne font pas bon ménage. Les raisons sont nombreuses : la pression des entourages, le cadrage « *drama* » des médias, les injonctions contradictoires qui pèsent sur les Premiers ministres, leur volonté de préserver leur crédit politique, etc.,

14. Delphine Dulong, *Premier ministre*, *op. cit.*

15. *Si la gauche savait. Entretiens avec Georges-Marc Benamou*, Paris, Robert Laffont, 2005, p. 301.

16. Voir, *infra*, Marc Olivier Baruch, « Après Matignon », p. 113-123.

17. *Les Leçons du pouvoir*, Paris, Stock, 2018, p. 42.

tout cela provoque des tensions qui, avec le temps, dégénèrent en conflits plus ou moins larvés. Ce n'est donc pas une question de personnes mais de positions.

Aussi, pour mieux contrôler ce que fait Matignon, les présidents ont-ils très tôt développé un dispositif disciplinaire. De Gaulle s'attribue un droit de regard sur la composition du gouvernement, interdit les conseils de cabinet à Matignon, refuse le titre de chef de gouvernement au Premier ministre et rogne sur son pouvoir réglementaire. Pompidou systématise la pratique des conseils restreints à l'Élysée ainsi que l'encadrement des ministres par des hommes de la présidence ; surtout, il crée un précédent important en révoquant brutalement son Premier ministre. Giscard d'Estaing franchit une étape supplémentaire en endossant de manière ostentatoire le rôle de chef du gouvernement *via* des communiqués, des conférences de presse, ou encore des lettres de mission sur le travail gouvernemental. Mitterrand transforme l'Élysée en société de cour... Autant de pratiques qui ont présidentialisé le régime et dont les chefs de l'État héritent chacun à leur tour. Si certains se sont contentés de puiser dans ce vivier en tant que de besoin, d'autres comme Nicolas Sarkozy et Emmanuel Macron l'ont en revanche enrichi en poussant un peu plus loin le dispositif disciplinaire.

Là encore, ce n'est pas qu'une question de personnalités. Lorsqu'il est élu président en 2007, Nicolas Sarkozy est à la tête d'un parti, l'UMP, qui n'a d'union que le nom. Dans une logique de dette, il nomme à Matignon François Fillon, sorte d'alter ego qui a fait alliance avec lui contre les prétentions du chiraquien Alain Juppé de conquérir la présidence. Aussi, à peine installé à l'Élysée, Sarkozy multiplie-t-il les gestes disciplinaires à son encontre. Il le prive de la résidence de la Lanterne, réservée normalement au repos des Premiers ministres. Il invite les parlementaires de la majorité au palais de l'Élysée pour prononcer devant eux un discours qui, sur le fond comme sur la forme, devance la déclaration de politique générale de François Fillon. La veille de cette déclaration, le secrétaire général de l'Élysée, Claude Guéant, en dévoile certains éléments aux lecteurs de *La Tribune*. Ce dernier, omniprésent, fait figure de vice-président : dans les coulisses du pouvoir, il assiste au tête-à-tête coutumier entre le président et le Premier ministre avant le conseil des ministres ; dans l'espace médiatique, il prend la direction, avec Henri Guaino, de la communication gouvernementale. Parfois, Nicolas Sarkozy modifie l'ordre du jour du conseil des ministres ou son agenda sans prévenir. Ses conseillers doublent ceux de Matignon et président même parfois certaines réunions interministérielles. Les petits déjeuners de la majorité sont délocalisés à l'Élysée où le chef de l'État réunit chaque semaine sept ministres pour parler de stratégie. Enfin, lors de rencontres avec des dignitaires étrangers, le président laisse peu parler son Premier ministre, à tel point, par exemple, que les chefs de parti venus à Beyrouth à l'invitation de Nicolas Sarkozy le trouvent « déconnecté ». En somme, et comme l'explique ce dernier lors d'une conversation tenue sur un mode relâché avec une dizaine de journalistes, il traite son Premier ministre comme un simple « collaborateur ».

Dix ans plus tard, Emmanuel Macron ne considère pas autrement son Premier ministre et s'en cache encore moins. Élu très jeune à la surprise générale, sans ancrage politique local ni partisan, il lui faut asseoir son autorité sur le gouvernement et le Parlement. La veille du classique discours de politique générale que doit prononcer Édouard Philippe, il rappelle ainsi au Congrès réuni à Versailles les grandes lignes de ce que sera sa politique.

Les rôles sont d'emblée solennellement fixés : le président décide, et au besoin rabroue ; le Premier ministre exécute. La faible autonomie laissée à Édouard Philippe se mesure très concrètement aux douze conseillers « doubles » qui servent officiellement l'Élysée en même temps que Matignon, tous recrutés par le président. Leur compétence recouvre presque l'ensemble des domaines de l'action gouvernementale, ceux qui leur échappent (justice, éducation, santé, culture, agriculture) étant confiés à des ministres proches du chef de l'État. Et lorsque la pandémie de Covid-19 éclate, le président ne s'embarrasse même plus d'intermédiaires : avec les fameux « conseils de défense sanitaire », qui supplantent peu à peu le conseil des ministres, il gère directement la crise.

Cette distribution des rôles heurte cependant moins qu'auparavant. Car celui que le président a choisi pour débuter son premier mandat n'est ni son alter ego, ni un allié, ni un fidèle compagnon. Emmanuel Macron et Édouard Philippe se connaissent à peine. Ils ont pour seul point commun d'avoir fait l'ENA. Mis à part ce trait somme toute commun dans l'histoire du binôme, ils ne se ressemblent guère : le premier entre en politique par le haut, *via* le secrétariat général de l'Élysée, quand le second a emprunté la filière politique locale ; Macron vient d'un gouvernement socialiste tandis que Philippe se revendique du centre droit. Ce tandem digne d'une cohabitation est d'autant plus surprenant que ce président est libre de toute contrainte partisane et – à l'époque – parlementaire. Il justifie son choix par son ambition de dépasser les clivages partisans, laquelle s'incarne dans la composition hétéroclite du nouveau gouvernement. Sur les dix-neuf ministres que comprend le premier gouvernement Philippe, dix n'ont pas ou peu d'expérience politique. Ils ont été recrutés dans le vivier de la société civile ou de la haute fonction publique. Quant aux plus aguerris, ils constituent une mosaïque relativement inédite[18] : trois ministres sont issus du Parti socialiste, deux du Parti radical, un du MoDem, un autre de Les Républicains et deux de La République en marche. Le Premier ministre est donc minoritaire dans son propre gouvernement. Et quand le danger vient de l'opinion publique sondée, que sa cote de popularité dépasse celle du président, il est évincé au profit d'un haut fonctionnaire, Jean Castex, que le chef de l'État ne connaît pas plus, si ce n'est pour avoir conduit le déconfinement avec succès.

Au début de son second quinquennat, Emmanuel Macron reconduit à peu près le même dispositif. Il écarte les « profanes », qui n'ont pas assez le sens du jeu politique ou sont ingérables et, ses soutiens comme sa politique ayant glissé vers la droite, il inverse la tendance. Mais la logique est identique : il promeut à Matignon une ministre, Élisabeth Borne, qui a fait ses classes à gauche mais dont il a éprouvé « le sens de l'État » sous le quinquennat précédent ; il la flanque de ministres dont la majorité penche à droite et de conseillers recrutés par l'Élysée. Et lorsque son impopularité devient trop forte, il la sacrifie au profit d'un jeune transfuge du Parti socialiste, Gabriel Attal, passé par les gouvernements Ayrault puis Philippe.

Jamais les Premiers ministres n'ont eu aussi peu d'emprise sur la décision gouvernementale. Là est sans doute la vraie nouveauté. À partir de 2017, c'est l'ensemble du gouvernement qui passe sous la coupe de l'Élysée. Car, si elles obéissent à l'approche pragmatique des politiques publiques que revendique le président, les mosaïques partisanes qui caractérisent les « gouvernements Macron » n'en ont pas moins l'avantage de rendre toute coalition contre l'Élysée improbable : sans véritable colonne vertébrale, leurs membres n'ont pas d'autres liens entre eux que de siéger au conseil des ministres. Et comme les plus aguerris sont des transfuges coupés de leurs soutiens partisans, le président ne craint pas de voir son autorité contestée.

*

« Étant donné l'importance et l'ampleur des attributions du Premier ministre, il ne peut être que le mien », affirmait de Gaulle dans ses mémoires[19]. Comme un lointain écho à la séquence qui s'ouvre le 9 juillet 2024, cette affirmation indique que le refus d'Emmanuel Macron de se voir imposer un (ou une) Premier ministre par la coalition arrivée en tête

18. Nicolas Sarkozy est le premier président à avoir débauché des ministres dans le camp opposé au sien, mais le gouvernement sous son quinquennat était très majoritairement de droite.

19. *Mémoires d'espoir*, t. 1, Paris, Plon, 1970, p. 287-288.

des élections législatives anticipées n'est pas seulement lié à la personnalité du président. Cette posture, qui a finalement conduit, après plusieurs mois d'attente, au choix d'un homme politique (Michel Barnier) issu d'un parti ne disposant que de quarante et un sièges à l'Assemblée nationale, s'inscrit dans une longue histoire, celle des relations entre deux institutions interdépendantes, l'Élysée et Matignon, condamnées à travailler de conserve. Les constituants de 1958 y voyaient sans doute une garantie contre toute tentation bonapartiste au moment de renforcer le pouvoir exécutif. Mais cette dyarchie a provoqué au contraire la dérive présidentialiste du régime. À leur décharge, les constituants n'avaient pas anticipé que les présidents se prendraient pour des gouvernants.

RÉSUMÉ

Depuis le début de la Ve République, les relations entre le président et le Premier ministre ont fait couler beaucoup d'encre, et le quinquennat n'y a pas changé grand-chose. Avant comme après la réforme de 2000, l'Élysée demeure dépendant de Matignon. Et si en droit les chefs de l'État ont le pouvoir de choisir leur Premier ministre, dans les faits ce choix est contraint par la situation politique et l'histoire propre à chaque président. Cependant, la fidélité à leur personne ne semble plus privilégiée comme auparavant : avec l'obligation de contrôler la communication politique dans un temps politique réduit, les présidents ont préféré renforcer leur contrôle sur le gouvernement plutôt que parier sur la servitude volontaire du Premier ministre.

Christophe Le Digol

Le Premier ministre, chef de la majorité[1]

Parmi les rôles que prétend exercer un Premier ministre, celui de « chef de la majorité » lui est, du moins dans les discours politiques et médiatiques, volontiers reconnu. Alors même que la Constitution de la Ve République ne le lui attribue pas formellement cette fonction, Jean Castex, Premier ministre à l'époque, énonce pourtant à Châlons-en-Champagne, le 4 septembre 2020, une affirmation qui relève d'une évidence pour ses interlocuteurs : « Dans les institutions de la République, le Premier ministre est le chef de la majorité[2]. » L'usage récurrent de cette épithète homérique par les professionnels de la politique comme par les journalistes laisse penser qu'un Premier ministre est systématiquement investi de cette fonction, quel que soit son titulaire et quelles que soient les configurations politiques dans lesquelles celui-ci l'exerce. D'un point de vue sociologique, l'observateur doit cependant distinguer la prétention à exercer ce rôle[3], d'emblée attribué dans les discours à tout nouveau Premier ministre, et la reconnaissance que la majorité – et l'opposition, qu'il ne faut bien évidemment pas oublier – lui concède en pratique ou non. En effet, le politiste ne peut que constater, au-delà des incantations dont cette appellation fait régulièrement l'objet, que son degré de *reconnaissance* varie en fonction des Premiers ministres : certains sont d'emblée reconnus alors que d'autres peinent à le devenir.

Les transformations institutionnelles qui ont affecté la Ve République depuis 1962, notamment l'instauration du quinquennat et l'inversion

1. Que Thibaud Mulier et Guillaume Cornu soient remerciés de leur lecture et de leurs judicieuses observations.

2. Alexandre Lemarié, « Le premier ministre, Jean Castex, veut s'imposer comme le chef de la majorité », LeMonde.fr, 7 septembre 2020.

3. Sur la notion de rôle, cf. « On ne subit pas son rôle. Entretien avec Jacques Lagroye », *Politix*, n° 38, 1997, p. 7-17.

calendaire de l'élection présidentielle et des élections législatives, ont provoqué un renforcement supplémentaire du pouvoir présidentiel au détriment de celui du Premier ministre. Il n'y a qu'à rappeler la manière dont Nicolas Sarkozy, alors président de la République, désigne son Premier ministre, François Fillon, comme son « collaborateur ». Tandis que le texte constitutionnel semble assez flou sur les attributions respectives des deux fonctions composant l'exécutif et sur les relations qu'elles doivent entretenir l'une avec l'autre[4], les réformes institutionnelles et les luttes politiques qui en découlent ont affaibli la fonction de Premier ministre, jusqu'à poser la question de son *leadership* sur la majorité que de nombreux commentateurs qualifient volontiers aujourd'hui de présidentielle[5]. Seules les cohabitations avaient permis au Premier ministre d'assumer la plénitude des pouvoirs gouvernementaux par rapport au président de la République. Loin d'être acquis, le rôle de chef de la majorité est un enjeu politique pour tout Premier ministre cherchant à s'imposer non seulement auprès de sa majorité, mais aussi face au président. Cependant, les stratégies dont font preuve les Premiers ministres varient en fonction du capital politique qu'ils détiennent.

Devenir chef de la majorité

Curieusement, ce rôle est rarement défini par ceux qui prétendent l'exercer ou y font référence dans les échanges et dans les commentaires politiques. Pourtant, chacun semble savoir concrètement en quoi il consiste dans ses principaux aspects : mener à bien les politiques gouvernementales, animer et mobiliser la majorité, faire voter les lois au Parlement. Assigner au Premier ministre le rôle de chef de la majorité est, chacun le comprendra, une manière de revendiquer et d'affirmer le primat de l'exécutif sur le législatif, du gouvernement sur le Parlement, alors même que les jeux politiques peuvent parfois bousculer cette hiérarchie et les prétentions du Premier ministre à endosser ce rôle.

Une prétention politique

Dans le texte constitutionnel, en tant que chef du gouvernement (art. 21 de la Constitution), le Premier ministre « dirige l'action du gouvernement » (art. 20) et coordonne son action sans être officiellement le

4. Bernard Lacroix, « Le politiste et l'analyse des institutions. Comment parler de la présidence de la République ? », in *id.* et Jacques Lagroye (dir.), *Le Président de la République. Usages et genèses d'une institution*, Paris, Presses de Sciences Po, 1992, p. 13-77.

5. Delphine Dulong, *Premier ministre*, Paris, CNRS Éditions, 2021, p. 73-79.

supérieur hiérarchique des autres ministres. Il peut néanmoins proposer leur révocation au président de la République, comme il en a été le cas quand Manuel Valls présente sa démission le 25 août 2014 à la suite d'un désaccord avec plusieurs membres de son gouvernement, en particulier Arnaud Montebourg et Benoît Hamon, avant d'être reconduit dans ses fonctions par François Hollande. Au nom du gouvernement, le Premier ministre détient, concurremment avec les membres du Parlement, l'initiative législative en signant le décret de présentation des projets de loi déposés à l'Assemblée nationale et au Sénat (art. 39). Une fois les lois votées, il en assure l'exécution et « exerce le pouvoir réglementaire » (art. 21). Il est aussi « responsable de la défense nationale » et, enfin, « nomme aux emplois civils et militaires ». En tant que chef du gouvernement, la Constitution lui attribue un certain nombre d'attributions qui prêtent à interprétation et laisse dans l'ombre d'autres fonctions, attributions et rôles relevant de la pratique et des rapports de force politiques entre institutions concurrentes, mais complémentaires.

La fonction de Premier ministre fait-elle le chef de la majorité ? Les institutions de la Ve République ont cette propension à investir chaque titulaire des pouvoirs et du charisme qu'elles prétendent conférer. Dans cette perspective, elles sont dotées d'une force propre qui affecterait la même autorité politique à chacun de leurs titulaires, indépendamment de son expérience et de sa personnalité. Pourtant, loin d'être la conséquence directe de l'autorité du texte constitutionnel ou des institutions, ce rôle de chef de la majorité est aussi et surtout le produit du système de croyances que les agents politiques investissent dans les institutions en général et dans la fonction de Premier ministre en particulier. De ce point de vue, il n'est pas déraisonnable de penser que ces croyances ont à voir avec les manières d'endosser ce rôle par les Premiers ministres successifs qui, de Michel Debré jusqu'à aujourd'hui, ont contribué à faire exister la fonction et à l'incarner de diverses manières.

De nombreux commentateurs sont pourtant tentés d'expliquer cette variété des manières d'habiter la fonction de Premier ministre par la personnalité de ses titulaires, leurs dispositions psychologiques ou leur conception propre de cette fonction. Ainsi des journalistes peuvent-ils longuement décrire la personnalité de Manuel Valls et sa conception du pouvoir sans jamais évoquer les contraintes institutionnelles et politiques qui pèsent sur l'exercice des prérogatives du Premier ministre[6]. De manière générale, dès

6. Françoise Fressoz et Thomas Wieder, « Enquête sur les idées de Manuel Valls », LeMonde.fr, 3 avril 2014.

leur nomination, les qualités et les défauts des Premiers ministres sont scrutés par les journalistes, qui ont parfois tendance à les ériger en logiques explicatives de leurs comportements et de leurs stratégies politiques. Seule la (qualité de la) relation que le Premier ministre entretient avec le président de la République est plus ou moins systématiquement mentionnée comme élément d'explication[7]. D'un côté, la fidélité semble être la principale qualité d'un Premier ministre en cas d'alignement politique avec le président de la République. Ainsi en est-il d'Édouard Philippe, dont la loyauté envers Emmanuel Macron a été constamment louée durant les trois années où il a exercé cette fonction. D'un autre côté, cette relation est d'autant plus analysée comme un rapport de force que les titulaires des deux fonctions sont ou deviennent politiquement désalignés. La relation entre Manuel Valls et François Hollande illustre le cas d'une collaboration initiale, placée sous

le signe du pragmatisme, de plus en plus tendue au fur et à mesure que le président de la République perdait en popularité et que le Premier ministre ne cachait plus son ambition présidentielle.

Du point de vue d'une sociologie qui prête une attention fine aux enjeux pratiques, l'aptitude d'un Premier ministre à endosser le rôle de chef de la majorité et à se faire reconnaître comme tel dépend, d'une part, du système de contraintes qui encadrent son action et, d'autre part, de la structure et du volume du capital politique que détiennent ses différents titulaires. Pour ceux qui disposent d'un capital politique élevé – déjà membres d'un ou de plusieurs gouvernements, ayant été députés ou ayant occupé des fonctions partisanes importantes –, cette reconnaissance est volontiers accordée. Dans cette catégorie se rangent des personnalités politiques comme Jacques Chirac, Premier ministre entre 1986 et 1988, ou Lionel Jospin, Premier ministre entre 1997 et 2002. L'un et l'autre avaient dirigé un parti politique et exercé des fonctions gouvernementales avant d'être nommés chefs du gouvernement. Pour ceux qui disposent d'un capital politique plus faible, comme Manuel Valls, qui avait recueilli 5,63 % des suffrages lors de la primaire socialiste de 2011 avant de devenir ministre de l'Intérieur puis Premier ministre, il est plus difficile d'y parvenir. Les mesures adoptées par son gouvernement ont incité une partie des députés socialistes à organiser une « fronde » parlementaire et l'ont empêché de revendiquer pleinement le titre de chef de la majorité. Enfin, les Premiers ministres « techniques », disposant d'un capital politique faible voire inexistant comme Jean Castex ou Élisabeth Borne, mais possédant un capital technique et administratif

---

7. Voir, *supra*, Delphine Dulong, « Les relations entre l'Élysée et Matignon : un problème institutionnel de moins en moins personnel », p. 17-26.

élevé[8], sont « couverts » par l'autorité présidentielle, condamnés à exercer et à agir dans son ombre[9]. Ainsi, Jean Castex, inconnu avant de prendre ses fonctions, peine à faire reconnaître sa prétention politique : jamais membre d'un gouvernement, doté d'un capital médiatique presque inexistant, élu local, etc. En pareil cas, la fidélité envers le président de la République devient le seul capital dont le Premier ministre dispose pour se faire reconnaître chef de la majorité.

Un enjeu politique

Le rôle de chef de la majorité est une injonction politique que tout hôte de Matignon, d'une manière ou d'une autre, aspire et s'attend à endosser. Sa reconnaissance par les membres de la majorité est cependant un enjeu éminemment politique et, par ailleurs, elle nécessite un travail tout aussi politique. Cette reconnaissance est d'autant plus naturelle que le Premier ministre détient un capital politique important, mais jamais elle ne va de soi. Elle est également une des conditions du capital symbolique que chaque Premier ministre peut et doit mobiliser pour s'affirmer face au président de la République et, parfois, s'y opposer. Par exemple, le maintien d'Élisabeth Borne comme Première ministre à l'occasion du remaniement de juillet 2023 est justifié par sa loyauté et le « soutien dont elle bénéficie de la part de la majorité[10] ».

Tout Premier ministre tend à rappeler son rôle de chef de la majorité mais dispose d'un répertoire d'actions assez limité, fondé sur la mise en scène de sa centralité et de son autorité sur le gouvernement et la majorité. Nommé Premier ministre, Jean Castex met en place une série d'interventions visant à organiser sa présence : visites aux élus de la majorité, participation aux journées parlementaires du MoDem, discours prononcés devant les députés issus de La République en marche, promesses d'écoute, etc. Le Premier ministre, faiblement doté en capital politique, donne des gages à la majorité et souhaite resserrer les liens entre ses composantes[11]. Pour Élisabeth Borne, la stratégie consiste à organiser la réception des députés[12] ou des chefs des

8. Jean Castex a fait l'ENA et Élisabeth Borne est polytechnicienne et ancienne préfète.

9. Il faut souligner ici que ce n'était pas le cas pour François Fillon qui, en dépit de la brimade de Nicolas Sarkozy le rabaissant au statut de « collaborateur », disposait d'un capital politique élevé.

10. « Politique : pourquoi Emmanuel Macron a choisi de maintenir Élisabeth Borne à Matignon », FranceTVinfo.fr, 19 juillet 2023.

11. Alexandre Lemarié, « Le premier ministre, Jean Castex, veut s'imposer comme le chef de la majorité », art. cité.

12. Claire Gatinois et Nathalie Segaunes, « Élisabeth Borne tisse ses réseaux auprès de l'aile droite de la majorité », LeMonde.fr, 6 octobre 2023 ; Loris Boichot, « Élisabeth Borne, la nouvelle chef d'une majorité à reconquérir », LeFigaro.fr, 17 mai 2022.

partis de la majorité présidentielle à Matignon[13]. La Première ministre peut également revendiquer le soutien du président de la République comme profit de la loyauté dont elle fait preuve à son égard. Son successeur, Gabriel Attal, tout juste nommé, innove dans les stratégies mises en œuvre habituellement, en prenant la décision de répondre à toutes les questions que les parlementaires posent chaque semaine au gouvernement ; de plus, il réserve ses mardis matin aux parlementaires de la majorité et organise des réunions du groupe Renaissance chaque semaine (« de temps en temps avec les groupes MoDem et Horizons. Chaque mois, il s'est engagé à participer à la réunion de l'intergroupe[14] ») ; enfin, la panoplie des actions est complétée par des petits déjeuners avec les chefs des partis de la majorité au Parlement[15].

Il ne faut pas oublier que cette prétention à diriger la majorité s'exerce aussi dans le domaine électoral. En 1974, Jacques Chirac, Premier ministre pour la première fois de sa carrière, l'avait revendiqué : « Le rôle du Premier ministre – je ne dis pas de Jacques Chirac – est tout naturellement d'être le chef de la majorité parlementaire. J'assumerai cette fonction. [...] Je ne conteste pas la vocation de Michel Poniatowski à être le chef des Républicains indépendants. Le problème est de nature différente. Je ne parle pas de mouvement : je parle de la majorité parlementaire. Le Premier ministre est tout naturellement le chef de la majorité parlementaire et j'assumerai cette fonction[16]. » Cet épisode révèle des tensions entre le Premier ministre et les chefs des partis de la majorité quant à la direction des campagnes électorales. Rien ne prédispose à faire du chef de gouvernement l'animateur principal des campagnes à la place des chefs de partis. Cette « fonction » consiste à élaborer une stratégie électorale, à soutenir les candidats sur le terrain et à s'approprier la parole au nom du collectif que constitue la majorité[17].

13. Alexandre Lemarié, « Confirmée par Macron à son poste, Élisabeth Borne va mener les discussions avec les oppositions à l'Assemblée », LeMonde.fr, 27 juin 2022.

14. « "Il reclive et donc ressoude" : comment Gabriel Attal tente de devenir le chef de la majorité », BFMTV.com, 9 mars 2024.

15. Le cabinet du Premier ministre s'occupe tout particulièrement des relations avec le Parlement. Sur la coordination entre le gouvernement et le Parlement, cf. Claire Bloquet et Damien Lecomte, « La coordination du travail législatif : pour ouvrir (enfin) la boîte noire parlementaire », *Revue française d'administration publique*, n° 171, 2019, p. 713-726.

16. « M. Jacques Chirac : "J'entends bien conduire la majorité à la bataille électorale" », *Le Monde*, 14 septembre 1974.

17. Sur la manière dont Georges Pompidou, Premier ministre, prend son autonomie par rapport à Charles de Gaulle à partir de 1965 par les « affaires électorales », cf. Delphine Dulong, « Premier ministre », *in* Christine Manigand et Olivier Sibre (dir.), *Le Dictionnaire Pompidou*, Paris, Robert Laffont, 2024, p. 578-579.

Les configurations politiques

Dans la division du travail de représentation qui s'est instituée au sein de l'exécutif bicéphale, il revient au président de la République, élu au suffrage universel, de représenter l'ensemble des Français. En certaines circonstances, celui-ci peut être reconnu par d'autres agents politiques en tant que chef de la majorité ou lui-même en revendiquer plus ou moins discrètement le rôle. Une tribune publiée dans le journal *Le Monde* à l'été 2024 ne désigne-t-elle pas ainsi le président de la République : « D'un côté, il fonctionne de façon parlementaire, car le pouvoir du président provient moins de ses prérogatives constitutionnelles – ses compétences propres sont limitées – que de l'existence d'une majorité dont il est le chef[18]. » D'une manière générale, la relation institutionnelle qui se noue entre le président de la République et le Premier ministre ne va pas sans créer des tensions politiques entre les dépositaires de ces fonctions.

Contraintes institutionnelles et politiques

Dans les commentaires journalistiques, on l'a évoqué, il est d'usage d'attribuer la manière d'habiter la fonction de Premier ministre aux qualités personnelles de son titulaire, à son style et à la conception personnelle qu'il a de son rôle. Cependant, avant d'être une figure ou une personnalité politique, il faut se rappeler avec Delphine Dulong que le Premier ministre est une institution, certes faiblement codifiée, mais dont l'autorité et les marges de jeu sont avant tout définies par ses rapports avec les autres institutions de la République[19]. Du début de la Ve République jusqu'à nos jours, les figures successives qui ont endossé et incarné cette fonction ont non seulement été confrontées à ce cadre institutionnel mais également aux rapports de force politiques qui tendent à le modifier ou non.

Ces contraintes à la fois institutionnelles et politiques évoluent et diffèrent en fonction des configurations de pouvoir, organisées autour de trois pôles, qui orientent et structurent les capacités d'action et les marges de jeu du Premier ministre. Le premier pôle est constitué par l'institution présidentielle et les rapports qui se nouent avec Matignon. Ces rapports se traduisent soit par un contrôle plus ou moins serré qui adopte des formes variées, par exemple la nomination de directeurs de cabinet proches de

---

18. Pierre Brunet, Arnaud Le Pillouer et Michel Troper, « Le parlementarisme authentique suppose de rompre avec la confusion des rôles entre chef d'État et chef de gouvernement », LeMonde.fr, 21 août 2024.
19. *Premier ministre, op. cit.*, p. 11.

la présidence, soit par une autonomie plus forte du Premier ministre. Le deuxième pôle est constitué par l'institution parlementaire et les rapports que le Premier ministre entretient avec la majorité. En l'occurrence, la relation dépend de la capacité ou non du Premier ministre à la maîtriser et à faire adopter les lois proposées. Plus complexe à analyser, le troisième pôle comprend les rapports que le Premier ministre entretient avec le champ du pouvoir, à savoir un ensemble d'agents (haute administration, médias, responsables politiques, etc.) lui permettant d'avoir des relais et des soutiens dans diverses institutions et champs sociaux. Il est tentant de se contenter des deux premiers pôles pour définir les configurations dans lesquelles s'inscrit l'action du Premier ministre. Mais ce serait adopter un point de vue institutionnaliste qui tend à réduire l'analyse aux interdépendances entre trois institutions : l'Élysée, Matignon et le Parlement.

Ajouter un troisième pôle ne relevant pas d'une institution politique a l'avantage d'ouvrir à d'autres logiques (syndicales, médiatiques, industrielles, etc.) qui, même si elles n'exercent pas la même influence institutionnelle, produisent des effets sur la fabrication des images publiques de l'action du Premier ministre et de son gouvernement. Ces trois pôles sont autant d'interdépendances et de contraintes qui déterminent l'action et le degré de dépendance ou d'autonomie du Premier ministre vis-à-vis de l'Élysée.

Un premier type de configurations s'appuie sur un alignement politique du Premier ministre avec le président de la République[20]. Le choix du premier par le second engage surtout une relation de fidélité qui est régulièrement mise en scène et en valeur dans leurs échanges. Cependant, il existe deux sous-configurations : la première concerne un choix de Premier ministre détenant un capital politique important lui permettant de revendiquer la position de chef de la majorité, mais constituant à terme une source de tensions entre les deux pôles de l'exécutif. La seconde concerne le choix d'un Premier ministre « technique », possédant un faible capital politique ne lui permettant pas de se libérer de sa dépendance envers le président même s'il en accumule progressivement à la faveur de son action gouvernementale. Dans cette sous-configuration, le Premier ministre a plus de difficulté à se faire reconnaître comme chef de la majorité, mais il peut réussir à terme, comme l'a fait Édouard Philippe. Il n'est qu'à se rappeler les constats formulés à sa nomination : « Bref, Édouard Philippe n'existe pas – politiquement parlant, s'entend.

20. Sur la notion de configuration, cf. Norbert Elias, *Qu'est-ce que la sociologie ?* (1970), La Tour-d'Aigues, L'Aube, 1991, p. 154-161.

Ou plutôt il est le bon Fillon de Macron, le fusible qui pourra toujours sauter en cas de déboires prévisibles, celui qui pourra porter le chapeau si les vents sont mauvais, et rien de plus. Pour le reste, tout se concentre (les louanges comme les critiques) sur Emmanuel Macron, le seul qui attire les rayons du soleil. Cela tient pour partie au personnage lui-même, mais aussi à la logique des institutions, qui font du président un monarque républicain, si tant est que l'on puisse accoler ces deux mots[21]. » Édouard Philippe se sert du capital politique qu'il a su accumuler durant l'exercice de la fonction pour fonder son propre parti politique, Horizons, après sa démission et acquérir par ce moyen un capital politique supplémentaire et une autonomie plus grande par rapport au président de la République et au parti qui le soutient.

Un second type de configurations résulte du désalignement politique entre le Premier ministre et le président de la République. Ce dernier est alors dans l'obligation pratique de choisir un Premier ministre dans l'opposition, voire désigné par elle. En ce sens, la fidélité, comme principe de choix, s'efface au profit d'un rapport de force politique qui introduit un changement dans la répartition des fonctions au détriment du président de la République[22]. Ce désalignement politique change l'équilibre des pouvoirs bien que la Constitution demeure la même. Le Premier ministre peut alors revendiquer sans crainte le rôle de chef de la majorité, à la condition que les chefs de parti la composant lui reconnaissent cet ascendant. Est-il nécessaire de rappeler le conflit entre Édouard Balladur et Jacques Chirac à l'occasion de l'élection présidentielle de 1995 pour constater les tensions et les conflits que peut provoquer une telle situation dans la majorité ? Ce type de configurations peut également accroître les tensions au sein de l'exécutif jusqu'à provoquer des conflits de préséances et d'attributions, comme l'a bien montré Bernard Lacroix[23]. Au-delà des personnalités, les stratégies politiques et les marges de jeu que possèdent le Premier ministre et le président de la République sont toujours dépendantes de la structure des configurations dans lesquels ils sont enfermés pour un temps.

21. Jack Dion, « Avec Édouard Philippe, Macron a trouvé le bon Fillon », Marianne.net, 13 août 2017.

22. Pierre-Emmanuel Guigo, « François Mitterrand: The Last Republican Monarch », in *id.* et Sergiu Mişcoiu (dir.), *Presidents, Prime Ministers and Majorities in the French Fifth Republic*, Cham, Palgrave Macmillan, 2024, p. 109-132 ; Bernard Lachaise, « Jacques Chirac: The Failure of Social Gaullism, the Longuest Cohabitation and the Spectre of the Far Right », *ibid.*, p. 133-154.

23. « Le politiste et l'analyse des institutions… », art. cité.

Codification faible et sens politique

Comme le rappelle Delphine Dulong dans l'introduction de son *Premier ministre*, la fonction de Premier ministre est faiblement codifiée et cette vertu autorise aussi bien des jeux et des interprétations politiques très larges qu'une variété d'appropriations qui ne sont jamais réductibles aux énoncés constitutionnels. Ainsi réunit-elle un ensemble d'attributions et de rôles, plus ou moins formalisés[24], qui autorisent une diversité de façons d'être et de manières d'agir ou, du moins, ne les interdisent pas formellement. Tout au long de la Ve République, l'institutionnalisation de cette fonction résulte de l'alternance des configurations de pouvoir et des systèmes de contraintes pesant sur ses titulaires. Mais il faut également ajouter que les différentes façons d'endosser le rôle ont en partie contribué à cette institutionnalisation, à fabriquer un ensemble de rapports à la fonction et d'images publiques auxquelles ont tendance à se référer et à se conformer celles et ceux qui sont en situation de l'exercer, d'être en relation avec son titulaire, voire de commenter ses actions et sa politique. Devenir chef de la majorité fait partie de ces injonctions auxquelles un Premier ministre tend volontiers à se plier. De fait, une partie de son activité, tant ses actions que ses discours, a pour objet d'obtenir cette reconnaissance de la part de la majorité, des médias et, autant que faire se peut, du chef de l'État.

L'examen des conditions qui président à cette institutionnalisation attire aussi l'attention de l'observateur sur une propriété du texte constitutionnel et du jeu politique dont celui-ci dépend : sa plasticité. D'un côté, la sobriété de ses énoncés autorise un jeu sur les usages des fonctions politiques et leur interprétation constitutionnelle ; de l'autre, l'imprécision de ces énoncés permet aux institutions et aux fonctions de s'adapter – ou d'être adaptées – à des configurations politiques qui n'ont pas toujours été prévues par leurs rédacteurs. Ainsi, la Constitution et les interprétations qui, au fil du temps, en sont proposées échappent toujours aux intentions initiales. De ce point de vue, la parole des professionnels du droit participe de ces luttes d'institutionnalisation qui relèvent tout autant de leur domaine que du jeu proprement politique, comme le montrent les nombreuses tribunes publiées dans les journaux par les constitutionnalistes à l'occasion du temps anormalement long que le président de la République a pris pour nommer le Premier ministre au cours de l'été 2024. En ce sens, ils participent pleinement d'une

---

24. Voir, *infra*, Matthieu Caron, « Le Premier ministre en droit gouvernemental », p. 77-87. Sur les fonctions gouvernementales, par exemple, cf. *id.*, *L'Autonomie organisationnelle du gouvernement. Recherche sur le droit gouvernemental de la Ve République*, Bayonne, Institut universitaire Varenne, 2015.

division du travail politique, ne serait-ce qu'en rappelant aux professionnels de la politique le respect de la règle constitutionnelle et en mettant en garde contre des usages ou des interprétations qui n'entrent pas dans leur cadre.

*

À l'issue de ces réflexions, une question d'apparence simple comme « Le Premier ministre est-il le chef de la majorité ? » prend une tournure complexe. Qu'un Premier ministre revendique la fonction de chef de la majorité parce qu'il est l'émanation de la majorité parlementaire ne va pas nécessairement de soi. Cette revendication ne relève pas non plus d'une prescription constitutionnelle, mais d'enjeux de pouvoir liés à la construction de l'autorité du Premier ministre : non seulement sur sa majorité parlementaire, mais aussi sur les ministres et secrétaires d'État composant son gouvernement. Le caractère bicéphale de l'exécutif, renforcé par des énoncés constitutionnels pour le moins elliptiques, introduit nécessairement des tensions institutionnelles et politiques avec le président de la République, la plupart du temps favorables à ce dernier. L'un des ressorts de la crise de l'été 2024 à propos de la nomination du Premier ministre a résidé dans la volonté d'Emmanuel Macron de rester le chef d'une majorité qui lui permette un tant soit peu de conserver l'autorité et les pouvoirs auxquels il s'était habitué depuis 2017. Pour le dire autrement, l'enjeu consistait alors à éviter ou à retarder le basculement dans une configuration de désalignement politique pour ne pas perdre l'ascendant sur le Premier ministre et le gouvernement.

RÉSUMÉ

L'article analyse le rôle ambigu du Premier ministre en tant que « chef de la majorité » sous la Ve République, un titre souvent revendiqué mais absent des énoncés constitutionnels. Bien que ce rôle lui soit fréquemment attribué dans les discours politiques, sa reconnaissance dépend des rapports de force politiques, du capital politique du Premier ministre et de sa capacité à mobiliser sa majorité. Avec le renforcement du pouvoir présidentiel en 1962, et plus récemment à travers la mise en place du quinquennat, le leadership du Premier ministre est devenu un enjeu de pouvoir complexe, influencé par les relations avec le président de la République et les configurations institutionnelles changeantes.

Basile Ridard

Le Premier ministre, un acteur parlementaire de premier plan

Quel est le rôle du Premier ministre au Parlement ? Il n'est pas aisé de répondre en quelques mots à cette question pourtant simple en apparence, tant les fonctions exercées par le chef du gouvernement dans les assemblées revêtent des formes variées. À l'occasion des activités de législation et de contrôle du Parlement, le Premier ministre dispose de compétences étendues, du moins si l'on s'en tient à la lecture de la Constitution. Chargé en particulier de diriger « l'action du gouvernement », qui lui-même « détermine et conduit la politique de la nation », selon les formules consacrées aux articles 20 et 21 C, le Premier ministre met en œuvre une large part de ses prérogatives dans le cadre parlementaire. Sa marge de manœuvre est d'autant plus grande qu'il peut recourir sans difficulté aux instruments du parlementarisme rationalisé. Le fait majoritaire, qui s'est étiolé à partir de la XVIe législature avant de disparaître à l'issue des élections législatives de l'été 2024, lui a permis de jouir d'une assise politique confortable durant l'essentiel de la Ve République, les parlementaires de la majorité lui vouant généralement une fidélité sans faille.

Le rôle joué par le Premier ministre est donc multiple au sein des chambres parlementaires. Premier des ministres[1], il constitue aussi le premier des acteurs politiques au Parlement. En revanche, son statut est strictement distinct de celui des membres des assemblées. Le Premier ministre et son gouvernement ne peuvent en effet être en même temps des représentants élus à l'Assemblée nationale ou au Sénat dans la mesure où,

1. Voir, *infra*, Brigitte Gaïti, « Le Premier ministre, premier des ministres : retours sur l'interministérialité », p. 63-76.

selon l'article 23, alinéa 1er C, « les fonctions de membre du gouvernement sont incompatibles avec l'exercice de tout mandat parlementaire ». Cette incompatibilité constitutionnelle entre les fonctions de (Premier) ministre et de parlementaire entretient de fait, sinon un détachement, du moins une certaine distance entre le chef du gouvernement et la majorité parlementaire, qui s'avère plus importante qu'à l'étranger[2]. Au Royaume-Uni, par exemple, la qualité de parlementaire est considérée comme un prérequis pour devenir ministre de la Couronne[3], tandis qu'en Allemagne les ministres sont aussi pour la plupart députés du Bundestag sans qu'aucune règle les y oblige juridiquement.

Un acteur essentiel au Parlement, sous influence présidentielle

Par voie de conséquence, les rapports du Premier ministre avec la majorité parlementaire sont beaucoup moins fusionnels en France qu'ils ne le sont dans de nombreux systèmes étrangers. Cela d'autant plus qu'il ne doit son poste qu'à celui qui l'a nommé, le chef de l'État, dont la légitimité politique est sans équivalent hors des périodes de cohabitation. Si le champ de compétences du Premier ministre dans les chambres parlementaires apparaît particulièrement large, ses actions sont en réalité fortement conditionnées par le président de la République. Le chef du gouvernement, qui procède d'une simple nomination présidentielle et non d'une élection, jouit donc d'une légitimité politique limitée par rapport au véritable chef de l'exécutif. La confiance des parlementaires, exprimée au gouvernement par un éventuel vote lors de sa prise de fonction, ne suffit jamais à combler totalement son déficit de légitimité *ab initio*, alors même que les députés doivent leur élection principalement au président et non au Premier ministre, lorsque la majorité parlementaire est présidentielle. Cette dépendance des parlementaires au chef de l'État est encore plus forte lorsqu'ils sont élus sur son nom, à l'instar des députés « macronistes » de 2017, qui lui étaient entièrement redevables, tout autant que le chef du gouvernement, Édouard Philippe, chargé de mettre en œuvre le programme politique présidentiel.

---

2. Adolf Kimmel, *L'Assemblée nationale sous la Cinquième République*, Paris, Presses de Sciences Po, 1991, p. 139.

3. Par convention, tous les ministres doivent être membres d'une des deux chambres et le Premier ministre élu à la Chambre des communes. Cf. Dawn Oliver, « Reforming the United Kingdom Parliament », in *id.* et Jeffrey Jowell (dir.), *The Changing Constitution*, 7e éd., New York (N. Y.), Oxford University Press, 2011, p. 171.

L'onction du suffrage universel, couplée à un calendrier priorisant l'élection présidentielle au détriment des élections législatives, consacre *de facto* le président de la République comme chef du gouvernement et chef de la majorité parlementaire, au sens où les députés sont élus pour entériner le programme présidentiel par voie législative. Le Premier ministre peut même se trouver rétrogradé symboliquement « au rang de simple directeur de cabinet de l'Élysée[4] » tandis que le chef de l'État se retrouve en pratique coiffé d'une triple casquette. Cette prééminence présidentielle est loin d'être conforme à la lettre de la Constitution et ne peut nullement être justifiée par le supposé « esprit »[5] du texte fondamental, qui demeure imprécisément déterminé.

Par conséquent, le Premier ministre agit de manière résolue au sein des assemblées, sans perdre de vue cependant l'ombre lancinante du président de la République en arrière-plan. Cette influence indéniable du chef de l'État sur les activités des chambres peut paraître étonnante, puisqu'il en est presque perpétuellement absent. Au nom de la séparation des pouvoirs, son accès à l'enceinte parlementaire est en effet strictement limité par la Constitution, dont l'article 18, alinéa 2, l'autorise à « prendre la parole devant le Parlement réuni à cet effet en Congrès ». À l'inverse, la présence du Premier ministre est toujours autorisée puisque, en vertu de l'article 31, alinéa 1er C, « les membres du gouvernement ont accès aux deux assemblées » et « sont entendus quand ils le demandent ». Le Premier ministre peut exercer à tout moment son droit de parole au Parlement, sous réserve que le président de séance l'autorise à intervenir. Le droit de parole quasi absolu dont disposent le chef du gouvernement et ses ministres atteste de la priorité qui leur est reconnue au cours des débats au détriment du droit de parole des parlementaires, dont la durée des interventions orales est précisément encadrée par le règlement intérieur de chaque assemblée.

Acteur de premier plan sur la scène parlementaire, le Premier ministre intervient fréquemment à l'Assemblée nationale comme au Sénat pour mettre en musique le programme politique sur la base duquel le chef de l'État a été élu. À ce titre, il constitue en quelque sorte un chef d'orchestre chargé de faire jouer aux assemblées une partition législative dont les grandes lignes ont déjà été définies par un compositeur qui est aussi son géniteur politique, le président de la République. Ainsi que l'indiquait

4. Paul Cassia, « Pour un rééquilibrage des pouvoirs constitutionnels », *in* Philippe Blachèr (dir.), *La Constitution de la Ve République. 60 ans d'application (1958-2018)*, Paris, LGDJ, 2018, p. 366.

5. Selon Charles de Gaulle, lors de sa conférence de presse du 31 janvier 1964 : « Une constitution, c'est un esprit, des institutions, une pratique. »

Guy Carcassonne, « le Premier ministre a la marge de manœuvre qu'il se donne, ou plus exactement qu'on lui abandonne[6] ». Il peut donc se retrouver ponctuellement contrarié dans son action législative au Parlement, au regard de la double emprise présidentielle sur les membres du gouvernement et sur les élus de la majorité parlementaire. L'autonomie du Premier ministre devant les assemblées est en réalité assez variable, car elle dépend à la fois des concessions accordées par le chef de l'État et de sa propre influence auprès de ce dernier[7]. Il n'en demeure pas moins qu'aussi longtemps que le président lui témoigne pleinement sa confiance, le chef du gouvernement demeure le plus souvent soutenu également par ses troupes parlementaires.

Le Premier ministre jouit d'une position radicalement différente au sein du Parlement lors des périodes de cohabitation. Maillon faible de la dyarchie exécutive de la Ve République en période « normale », le chef d'un gouvernement de cohabitation ne se contente plus d'un simple rôle de chef d'orchestre chargé d'exécuter un programme législatif dont il n'est que partiellement l'auteur. Les projets de loi déposés au Parlement sont alors pour la plupart issus directement du programme du Premier ministre. Celui-ci se retrouve ainsi en première ligne pour assumer la responsabilité des réformes menées par son gouvernement, qui sont décidées par lui et non plus inspirées, voire imposées, par l'Élysée.

À cet égard, la cohabitation est synonyme de révélation primo-ministérielle. Acteur parlementaire essentiel, le chef du gouvernement occupe dès lors le premier rôle au sein des assemblées. En sa qualité de chef politique de la nouvelle majorité parlementaire arrivée en tête à l'issue des élections, il dispose d'une légitimité qui dépasse celle du président de la République. Le chef de l'État n'exerce alors principalement plus qu'un rôle d'arbitre, reconnu par la Constitution et au titre duquel il conserve toutefois une certaine faculté d'empêcher qui peut affecter à la marge l'action parlementaire du Premier ministre.

Une action législative résolue au sein du Parlement

Le Premier ministre « fait la loi », pour reprendre la formule de Guy Braibant dans cette même revue[8]. Le chef du gouvernement est en effet

6. Denis Baranger, Carlos-Miguel Pimentel et Armel Le Divellec, « Entretien avec Guy Carcassonne », *Jus Politicum*, n° 2, 2009 (en ligne).

7. Pauline Türk, « Le Premier ministre, clef de voûte ou soliveau ? », *in* Philippe Blachèr (dir.), *La Constitution de la Ve République*, *op. cit.*, p. 195.

8. « Qui fait la loi ? », *Pouvoirs*, n° 64, 1993, p. 43 (en accès libre sur Revue-Pouvoirs.fr).

un acteur profondément impliqué dans le travail parlementaire, tout au long de la procédure législative, en période de cohabitation comme en période « normale ». Il participe à l'écriture de la partition législative au stade de l'avant-projet de loi et veille à maintenir sa cohérence tout au long de son examen parlementaire, de concert avec le ministre chargé du texte et le ministre chargé des relations avec le Parlement. Le Premier ministre contribue ainsi à cette œuvre collective aux côtés des assemblées parlementaires, sans oublier que le président de la République, qui est informellement à l'origine de nombreux projets de loi, parachève formellement le processus législatif par un décret de promulgation.

La fonction de colégislateur du Premier ministre est cruciale en matière d'initiative, puisqu'il est le seul à pouvoir déposer des projets de loi sur le bureau des chambres parlementaires, au nom de l'ensemble du gouvernement. Bien qu'il partage le droit d'initiative législative avec les parlementaires, il est aussi le seul à pouvoir déposer certains textes de loi spécifiques, tels que le projet de loi de finances annuel, ou encore les projets de loi de ratification des conventions internationales. Non content d'être à l'origine de la majorité des lois – plus de 70 % des textes définitivement adoptés entre 2012 et 2022 sont des projets de loi –, le chef du gouvernement contribue substantiellement à leur examen parlementaire en exerçant le droit d'amendement sur tout type de textes, directement ou par l'intermédiaire de ses ministres. Sa contribution à cet égard est d'autant plus importante qu'il peut proposer des amendements sans être contraint par des délais, à la différence des députés, qui doivent déposer leurs amendements au plus tard à 17 heures le troisième jour ouvrable précédant le début de l'examen d'un texte en séance plénière. En ce domaine, l'action législative du Premier ministre est également facilitée dans la mesure où son droit d'amendement n'est pas restreint par les irrecevabilités financière et législative prévues aux articles 40 et 41 de la Constitution. Ces exceptions d'irrecevabilité ne peuvent en effet être opposées qu'aux amendements et propositions de loi des parlementaires, avec pour effet de les exclure d'emblée de l'examen législatif.

Disposant d'une maîtrise importante sur le contenu des textes de loi et leur évolution au cours de la procédure parlementaire, le Premier ministre met également tout en œuvre pour imposer son propre rythme de réformes au Parlement. Cette orchestration passe d'abord par la détermination de l'ordre du jour, qui laisse la part belle aux projets gouvernementaux. Deux semaines de séance par mois sont systématiquement réservées par priorité à l'examen des textes et aux débats dont le gouvernement a demandé l'inscription, conformément à l'article 48, alinéa 2 C. La maîtrise gouvernementale de l'ordre du jour est en réalité beaucoup plus étendue, puisque les autres semaines peuvent aussi lui être réservées en cas d'ordre du jour « super-prioritaire »[9], mis en œuvre notamment pour les projets de loi de finances, qui bénéficient d'une priorité absolue. Le Premier ministre, bien qu'il ne participe généralement pas à la conférence des présidents de chaque assemblée chargée de programmer le calendrier parlementaire, parvient à prioriser les réformes de l'exécutif en se faisant représenter par le ministre chargé des relations avec le Parlement, dont les instructions sont suivies à la lettre par les parlementaires de la majorité y participant.

S'il peut ainsi orchestrer une part essentielle du calendrier parlementaire, avec la bénédiction de sa majorité, le Premier ministre peut aussi intervenir directement sur le rythme du processus législatif. Sans pouvoir maîtriser totalement le temps d'examen des textes, le chef du gouvernement dispose néanmoins de plusieurs instruments procéduraux pour hâter l'adoption d'un texte de loi.

Sur la base de l'article 45, alinéa 2 C, le Premier ministre peut décider de déclencher la procédure accélérée, qui a pour effet non seulement de supprimer le délai permettant aux commissions parlementaires de se prononcer avant l'assemblée plénière sur un texte législatif, mais aussi d'autoriser la convocation d'une commission mixte paritaire après une seule lecture dans chaque assemblée, au lieu de deux lectures au minimum en temps normal. La limitation du nombre de lectures, par l'engagement de la procédure accélérée puis la convocation d'une commission mixte paritaire, représente pour le chef du gouvernement une possibilité non négligeable de réduire significativement la durée d'examen législatif.

Le Premier ministre peut également engager d'autres moyens, soit pour réduire drastiquement la durée du vote, soit pour mettre un terme définitif au débat parlementaire. Dans la première hypothèse, le Premier ministre peut recourir, d'une part, à la procédure du vote bloqué, prévue à l'article 44, alinéa 3 C, et qui contraint une chambre à adopter ou rejeter la version du texte de loi retenue par le gouvernement. D'autre part, en vertu du fameux article 49, alinéa 3 C, il peut « engager la responsabilité du gouvernement devant l'Assemblée nationale sur le vote d'un projet de loi », celui-ci étant considéré comme adopté à moins qu'une motion de censure déposée dans les vingt-quatre heures suivantes ne soit votée par les députés. Dans la seconde hypothèse, le Premier ministre peut, de concert avec son gouvernement et comme le permet l'article 45, alinéa 4 C, demander à

9. Selon l'expression de Jean-Luc Warsmann à l'Assemblée nationale (troisième séance du 27 mai 2008).

l'Assemblée nationale de statuer seule et de manière définitive sur un texte de loi afin de mettre fin à la navette parlementaire.

Le cadre constitutionnel dressé dès le début de la Ve République confie entièrement aux mains du Premier ministre une série d'instruments procéduraux qui lui garantissent une certaine maîtrise de la procédure parlementaire et de sa temporalité[10]. À ce titre, s'il manque de temps pour mettre en œuvre certaines réformes, le Premier ministre peut décider de tenir des jours de séance supplémentaires, en application de l'article 28, alinéa 3 C. Cette prérogative ne peut cependant s'étendre au-delà de la session ordinaire. Le chef du gouvernement peut alors demander au président de la République d'organiser une session extraordinaire, ce dernier étant seul à décider, conformément à l'article 29 C, de l'ouverture et de la clôture d'une telle session. L'action législative du Premier ministre est donc susceptible d'être limitée par le chef de l'État, qui dispose à son tour d'une certaine maîtrise sur la temporalité des assemblées, certes marginale mais dont il peut user pour contrarier l'action parlementaire du Premier ministre, en particulier en cas de cohabitation. À cet égard, il peut décider de prononcer la dissolution de l'Assemblée nationale, marquant ainsi abruptement la fin de l'examen des projets de loi que le Premier ministre avait déposés et souhaitait voir aboutir. La dissolution de l'Assemblée suppose que le chef du gouvernement ait été consulté en amont par le président de la République, de pair avec les présidents des assemblées, en vertu de l'article 12 C. En pratique, le Premier ministre est simplement informé de la dissolution par le chef de l'État, sans que celui-ci soit lié par son avis.

Une action primo-ministérielle contrôlée par le Parlement

L'action législative menée résolument par le Premier ministre aux dépens des parlementaires suppose qu'en retour ces derniers soient en mesure de contrôler avec précision l'action gouvernementale, voire de la sanctionner politiquement. Or force est de constater que le Premier ministre fait l'objet d'un contrôle parlementaire qui n'est pas à la hauteur du rôle déterminant qu'il occupe dans le cadre de l'examen des textes législatifs.

En témoigne d'abord le fait qu'un Premier ministre nouvellement nommé par le président de la République ne s'estime pas toujours tenu de

10. Qu'il me soit permis de renvoyer ici à Basile Ridard, *L'Encadrement du temps parlementaire dans la procédure législative. Étude comparée : Allemagne, Espagne, France, Royaume-Uni*, Bayonne, Institut universitaire Varenne, 2018, p. 387 et suiv.

demander aux parlementaires un vote pour approuver le programme de son gouvernement, alors même que cette étape d'intronisation, qui permet au Parlement de lui accorder explicitement sa confiance, est la règle dans la plupart des régimes parlementaires. Si le Premier ministre décide généralement de faire une déclaration de politique générale à la suite de laquelle il engage la responsabilité politique du gouvernement, il peut très bien s'en tenir à une déclaration gouvernementale donnant lieu à un débat et éventuellement à un vote, sans engager sa responsabilité, comme l'a décidé Michel Barnier en octobre 2024. L'absence de sollicitation systématique de la confiance par le Premier ministre peut être le signe qu'il ne souhaite pas se confronter au vote si la majorité parlementaire est assez large ou, au contraire, si elle ne lui semble pas acquise. La situation, loin d'être évidente depuis les élections législatives de 2022 et la majorité parlementaire relative qui en a résulté, l'est encore moins depuis le début de la XVIIe législature.

À l'exception de la période ainsi ouverte, la question de la mise en jeu de la responsabilité politique du Premier ministre et de son gouvernement devant l'Assemblée nationale a rarement été posée avec une grande acuité, sinon par l'opposition parlementaire, par définition numériquement minoritaire. Alors que, depuis 1958, cette dernière a déposé des dizaines de motions de censure spontanées (trente-cinq au cours des deux années de la XVIe législature), une seule a finalement été adoptée, le 5 octobre 1962, dans un contexte particulier puisqu'elle s'adressait moins au Premier ministre qu'au président de la République, dont la décision de soumettre au référendum la révision constitutionnelle visant à modifier le mode d'élection du chef de l'État était contestée.

Outre ces instruments de contrôle extraordinaire, synonyme de sanction, la relative faiblesse du contrôle parlementaire du gouvernement – du moins au regard de l'importance de son action législative – s'illustre aussi par le fait que cette fonction n'est constitutionnellement reconnue que depuis la révision de 2018, l'article 24 de la Constitution précisant sommairement que le Parlement « contrôle l'action du gouvernement ». Le contrôle parlementaire du Premier ministre et de ses ministres, bien que plus développé qu'auparavant, est loin du niveau d'intensité que connaissent certains systèmes étrangers. Référence en la matière, le Parlement de Westminster assure en effet un contrôle en profondeur de l'action du gouvernement, en particulier par l'intermédiaire du *Prime Minister's Question Time*, séance hebdomadaire de questions à l'occasion de laquelle le *Leader* de l'opposition parlementaire s'adresse directement au Premier ministre pour contrôler l'action législative de son gouvernement dans les moindres détails.

Inspiré par cet instrument efficace de contrôle ordinaire, le président Giscard d'Estaing a contribué à la mise en place, dès 1974 à l'Assemblée nationale, de séances de questions au gouvernement. Les ministres, en particulier le premier d'entre eux, participent de manière assidue à ces séances et se soumettent de bonne grâce, du moins en apparence, à cet exercice de contrôle en direct de leur action par les parlementaires de la majorité comme de l'opposition. Le chef du gouvernement dispose d'ailleurs d'une priorité symbolique pour prendre la parole avant les ministres de son gouvernement. Il peut lui arriver d'indiquer, jusqu'au dernier moment, d'un pouce tourné vers sa poitrine, qu'il se chargera de répondre en personne à la question posée. Ces séances, les seules à réunir autant de parlementaires dans l'hémicycle, sont paradoxalement victimes de leur succès médiatique, qui demeure intact après un demi-siècle de pratique. Leur objet premier, à savoir interroger les ministres pour contrôler leur action politique, a en effet été partiellement dévoyé : bien que certaines questions posées par l'opposition puissent lui permettre de se faire légitimement l'écho d'un mécontentement des citoyens, les débats donnent trop souvent à voir des controverses politiques éloignées des principaux enjeux et de l'œuvre législative du gouvernement. Pire, ces débats peuvent sombrer dans la caricature, fort heureusement de manière rarissime, avec des échanges d'invectives, voire des gestes déplacés.

En d'autres termes, les questions au gouvernement procèdent davantage d'un « exercice de communication politique auprès de l'opinion publique [que d'un] contrôle de la politique gouvernementale[11] ». Les apparences sont donc trompeuses, puisque le contrôle de l'action gouvernementale exercé à l'occasion des séances de questions au gouvernement demeure souvent très superficiel. L'expérimentation des « questions au Premier ministre », menée à l'Assemblée nationale au cours du printemps 2024, confirme non seulement que le chef du gouvernement est au cœur du contrôle exercé encore trop timidement par les parlementaires, mais surtout que le Parlement est « un lieu essentiel de la communication gouvernementale », comme l'avait affirmé le Premier ministre Lionel Jospin dans sa déclaration de politique générale, le 19 juin 1997.

11. René Dosière, « Le contrôle ordinaire », *Pouvoirs*, n° 134, 2010, p. 38-39 (en accès libre sur Revue-Pouvoirs.fr).

*

Lors de son premier entretien télévisé en tant que Premier ministre, Michel Barnier a assuré pouvoir « travailler mieux avec le Parlement », reconnaissant ainsi en creux que la relation entre les membres du gouvernement et les membres des assemblées est largement perfectible. Cela tient probablement au fait que leurs rapports tiennent davantage de la confrontation – avant tout avec les parlementaires de l'opposition mais aussi au-delà, la majorité parlementaire se retrouvant régulièrement sous la pression du gouvernement – que de la coopération – la culture française du compromis étant encore à ses balbutiements, comme en atteste la situation politique depuis les élections législatives de l'été 2024.

Travailler mieux avec le Parlement suppose, pour le Premier ministre, de mettre de l'huile dans les rouages parlementaires en s'efforçant de recourir avec parcimonie aux instruments les plus acérés du parlementarisme rationalisé. La situation de majorité relative à l'Assemblée nationale depuis 2022, loin d'être épisodique, risque de se prolonger dans les années à venir. Devenu chef du gouvernement le plus minoritaire de la Ve République en septembre 2024, Michel Barnier aurait tout intérêt à reconsidérer certaines pratiques bien ancrées, en se gardant de trop hâter le processus législatif et en étant plus à l'écoute de la parole parlementaire, l'équilibre des forces politiques au Parlement ne lui laissant d'ailleurs plus nécessairement le choix. Cela suppose aussi que les parlementaires se saisissent davantage des outils dont ils disposent déjà pour contrôler l'action dirigée par le Premier ministre, y compris les députés de la majorité gouvernementale, qui doivent passer de la complaisance à l'exigence. Avec l'espoir que ces pistes d'évolution ne restent pas des vœux pieux. La démocratie parlementaire y gagnerait.

RÉSUMÉ

Le rôle joué par le Premier ministre est multiple au sein des chambres parlementaires. Premier des ministres, il est aussi le premier des acteurs politiques au Parlement, profondément impliqué tout au long de la procédure législative. Disposant d'une maîtrise importante sur le contenu des textes de loi, il met tout en œuvre pour imposer son propre rythme de réformes aux assemblées, aux dépens des parlementaires. Alors que ces derniers devraient être en mesure de contrôler avec précision l'action gouvernementale, force est de constater que ce contrôle n'est pas à la hauteur du rôle déterminant exercé par le Premier ministre.

Charles-Édouard Sénac

Le Premier ministre et le Conseil constitutionnel : un jeu de l'amour et du hasard

Le Premier ministre et le Conseil constitutionnel forment un couple discret mais solide sous la Ve République. Certes, ce couple a connu des tensions. On se souvient de la critique exprimée par Édouard Balladur à l'encontre du Conseil à la tribune du Congrès, à l'occasion du vote par les parlementaires d'une loi de révision de la Constitution remettant en cause une solution adoptée par le juge constitutionnel quelques semaines auparavant[1]. Plus proche de nous, on songe à l'appel controversé de Manuel Valls aux parlementaires à ne pas saisir le Conseil constitutionnel de la loi prorogeant l'application de la loi du 3 avril 1955 relative à l'état d'urgence pour la préserver d'une censure[2]. Mais, au-delà de quelques incartades, les liens entre le Premier ministre et le Conseil constitutionnel restent privilégiés, par rapport à ceux qui unissent le juge constitutionnel aux autres institutions de la Ve République.

Le chef du gouvernement occupe une place à part dans le procès constitutionnel, et ce, à deux titres. D'une part, il officie, seul, comme avocat de la loi, tant dans le cadre du contrôle *a priori* de constitutionnalité des lois que dans celui de la question prioritaire de constitutionnalité. D'autre part, le Premier ministre jouit, dans le « procès » de la loi en attente de promulgation, d'un statut procédural privilégié : il est l'interlocuteur premier du

1. Déclaration sur le projet de loi constitutionnelle relatif aux accords internationaux en matière de droit d'asile et sur la réforme constitutionnelle, Versailles, 19 novembre 1993.
2. Séance du 20 novembre 2015 au Sénat.

Conseil constitutionnel et bénéficie d'avantages proceduraux étrangers aux autres acteurs du contentieux constitutionnel.

Comment expliquer cette distribution des rôles qui conduit à rapprocher singulièrement le Premier ministre du Conseil constitutionnel ? Une chose est sûre : cette relation de proximité entre les deux institutions ne trouve pas sa source dans les textes constitutionnels, ni même dans les lois organiques prises pour leur application. Tous sont muets sur la question.

Ces liens étroits ne sont pas non plus liés à des questions d'influence personnelle. D'abord, très rares ont été les transferts entre l'hôtel de Matignon et la rue de Montpensier[3]. Ensuite, contrairement au président de la République et aux présidents des deux assemblées parlementaires, le Premier ministre ne désigne pas les membres du Conseil constitutionnel. Si, en juillet 1958, André Chandernagor proposa au groupe de travail préparant l'avant-projet de Constitution que deux des neuf membres du Conseil soient nommés par le chef du gouvernement, à égalité avec les trois autres hautes autorités de l'État, la proposition fut rejetée par Michel Debré au motif que « les fonctions de Premier ministre sont trop temporaires pour donner de l'autorité à ces désignations[4] ». La proximité entre les deux institutions trouve donc sa source ailleurs.

À nos yeux, la relation privilégiée entre le Conseil constitutionnel et le Premier ministre est avant tout le fruit du rapprochement entre leurs administrations internes, fidèles serviteurs de chaque institution, dans le cadre du contrôle de constitutionnalité des lois. Le Secrétariat général du Conseil constitutionnel (SGCC) et le Secrétariat général du gouvernement (SGG) ont tissé des liens qui, non seulement ont amené à rapprocher leurs « maîtres », mais ont également contribué à façonner le contentieux constitutionnel français. Dans cette intrigue, point d'inversion des rôles ou de travestissement, à la différence de la pièce de Marivaux. Encore que, le Premier ministre est systématiquement représenté par le SGG dans ses interactions avec la rue de Montpensier et on sait l'importance prise par le SGCC dans le fonctionnement de l'institution, au point que son secrétaire général a pu être comparé à un « dixième membre » du Conseil[5].

3. Le Conseil constitutionnel a compté en son sein quatre anciens pensionnaires de Matignon : Laurent Fabius, Lionel Jospin et Alain Juppé y ont été nommés et Jacques Chirac a siégé en qualité de membre de droit. Un membre du Conseil a été nommé Premier ministre, Georges Pompidou.

4. *Documents pour servir à l'histoire de l'élaboration de la Constitution du 4 octobre 1958*, t. 1, Paris, La Documentation française, 1987, p. 383. Dans cette version de l'avant-projet, le neuvième membre devait être désigné par cooptation.

5. Guillaume Drago, *Contentieux constitutionnel*, 5e éd., Paris, PUF, 2020, p. 213.

L'histoire de la relation entre le Premier ministre et le Conseil constitutionnel s'est écrite progressivement. Les deux institutions n'étaient pas étrangères l'une à l'autre à l'orée de la Ve République, tant s'en faut. La volonté de Charles de Gaulle et de Michel Debré de restaurer le pouvoir exécutif s'est traduite, notamment, par l'instauration d'un Conseil constitutionnel chargé de servir d'allié à l'exécutif en général et au gouvernement en particulier. Par la suite, ce « mariage » institutionnel arrangé par les pères fondateurs a évolué en une union plus étroite, née dans les couloirs de l'aile Montpensier du Palais-Royal. La relation informelle forgée dans les années 1970 se consolidera progressivement, au point qu'elle apparaît un demi-siècle plus tard comme une relation de complicité que rien ou presque ne semble pouvoir remettre en cause.

Acte I. Une relation institutionnelle

Dès l'origine, les deux institutions étaient promises à faire un bout de chemin ensemble au regard de l'orientation du nouveau régime. Érigé en « arme contre la déviation du régime parlementaire », selon les mots de Michel Debré[6], le Conseil constitutionnel était pensé pour contenir les éventuels excès du Parlement et, plus largement, défendre les prérogatives de l'exécutif.

Ainsi, la Constitution du 4 octobre 1958 et l'ordonnance n° 58-1067 du 7 novembre 1958 portant loi organique sur le Conseil constitutionnel prévoyaient, dès leur adoption, de multiples cas de saisine du Conseil par le Premier ministre ou par le gouvernement, ce qui revient au même dans la pratique.

Il est, d'abord, plusieurs cas de figure dans lesquels le Premier ministre était – et est toujours – seul habilité à saisir le Conseil : pour obtenir le « déclassement » d'un texte de forme législative intervenu dans le domaine réglementaire, préalablement à sa modification par décret (art. 37, al. 2 C ; art. 24 de l'ordonnance n° 58-1067) ; pour déclencher le contrôle obligatoire de constitutionnalité des lois organiques (art. 61, al. 1er C ; art. 17 de l'ordonnance n° 58-1067) ; pour constater l'empêchement du président de la République (art. 7, al. 4 C) ; et pour solliciter un avis sur l'organisation des opérations de référendum (art. 46 de l'ordonnance n° 58-1067).

Ensuite, le Premier ministre partageait avec le président de la République et les présidents des assemblées le pouvoir de saisir le juge constitutionnel en vue de faire contrôler la constitutionnalité des lois ordinaires (art. 61,

6. Discours devant le Conseil d'État, 27 août 1958.

al. 2 C) et des engagements internationaux (art. 54 C). En revanche, il était le seul à pouvoir demander au Conseil de se prononcer en urgence, sous huit jours au lieu du délai d'un mois normalement prévu (art. 61, al. 3 C). Il partageait également avec les présidents des chambres la faculté de saisir le Conseil au cours de la procédure législative en vue de faire examiner si une proposition de loi ou un amendement parlementaire respectait la délimitation du domaine de la loi ou ne méconnaissait pas une délégation accordée par le Parlement au gouvernement en vertu de l'article 38 C relatif aux ordonnances (art. 41 C).

Si les interactions prévues par les textes constitutionnels et organiques étaient – et sont toujours – nombreuses[7], elles cantonnaient le Premier ministre à un rôle d'autorité de saisine du Conseil constitutionnel. Or, à cette relation purement institutionnelle s'est ajoutée, voire substituée (car

les saisines primo-ministérielles sont, hors le cas des lois organiques où elles sont obligatoires, peu fréquentes[8]), une relation informelle, dans le sens où elle est née en marge des textes, grâce aux liens tissés par les secrétariats généraux des deux institutions dans l'exercice du contrôle de la loi.

Acte II. Une relation informelle

Parmi les compétences du Conseil constitutionnel, c'est la plus importante historiquement et symboliquement, à savoir le contrôle *a priori* de constitutionnalité des lois, qui donna lieu au rapprochement entre les deux institutions. Dans le silence des textes organisant la procédure devant le Conseil, le Premier ministre embrassa, par l'intermédiaire du SGG, la vocation de défenseur de la loi et, ce faisant, devint l'interlocuteur privilégié des « Sages ».

Rien dans les textes constitutionnels ou organiques ne prédestinait le Premier ministre à revêtir la robe d'avocat de la loi. D'ailleurs, les premières années du nouveau régime le virent jouer un tout autre rôle. Jusqu'au début des années 1970, la défense de la loi devant le Conseil ne fut pas assurée par le SGG. Et pour cause ! De 1959 à 1974, la haute instance fut saisie de neuf lois ordinaires, dont six fois par le Premier ministre, qui demanda

7. Par la suite, le pouvoir de saisine du Premier ministre sera même étoffé : en 1962, la saisine au cours de l'élection présidentielle pour tirer les conséquences du décès ou de l'empêchement d'un candidat (art. 7, al. 9 C) ; en 2008, le contrôle de la recevabilité des projets de loi au regard des conditions fixées par une loi organique (art. 39, al. 4 C).

8. Les saisines du Premier ministre déférant une loi au Conseil sont en effet rares mais pas inexistantes et, en règle générale, le SGG assure tout de même la défense de la loi (cf., par exemple, décision 489 DC du 14 avril 2023).

systématiquement la censure de certaines dispositions méconnaissant, selon lui, soit les prérogatives gouvernementales garanties par la Constitution[9], soit son article 40 limitant l'initiative législative des parlementaires[10].

Dans les trois autres affaires, c'est le président du Sénat qui saisit le Conseil en vue de contester une mesure voulue par l'exécutif. Dans la première, relative à la loi référendaire instaurant l'élection du chef de l'État au suffrage universel direct[11], le Premier ministre prit directement la plume pour demander au Conseil de se déclarer incompétent[12]. En revanche, aucun écrit ne fut transmis par le gouvernement au cours de l'examen de la loi qui donna lieu à la célèbre décision dite *Liberté d'association*[13]. Ce sera à l'occasion de l'affaire dite *Taxation d'office* que les premières observations rédigées par le SGG furent adressées au Conseil, pour le compte du chef du gouvernement, en vue de défendre la loi face aux critiques émises par le président de la chambre haute[14]. Cette dernière décision marque le début d'une pratique constante qui certes connaîtra des évolutions, mais ne sera plus jamais fondamentalement remise en cause par la suite. Depuis, le « procès » de la loi en attente de promulgation voit régulièrement s'affronter, d'un côté les auteurs de la saisine, c'est-à-dire, à partir de la révision constitutionnelle d'octobre 1974, essentiellement les parlementaires de l'opposition, et de l'autre le Premier ministre représenté par le SGG.

Comment expliquer que la défense de la loi devant le juge constitutionnel ait été – et soit encore – assurée systématiquement par le SGG pour le compte du Premier ministre ? D'une part, ni la Constitution ni les textes pris pour son application ne désignent un organe chargé d'apporter la contradiction à l'autorité de saisine. La place de défenseur de la loi était donc libre. Or l'auteur de la loi, le Parlement, ne l'a jamais pourvue. Les parlementaires de la majorité ou les instances dirigeantes des deux chambres ne sont jamais intervenues devant le Conseil constitutionnel pour défendre la loi[15]. D'autre

9. Décisions 8 DC du 11 août 1960, 27 DC du 18 décembre 1964, 35 DC du 30 janvier 1968 et 41 DC du 30 décembre 1970.

10. Décisions 11 DC du 20 janvier 1961 et 21 DC du 12 mars 1963.

11. Décision 20 DC du 6 novembre 1962.

12. L'existence de cette lettre, accompagnée d'une consultation du professeur André de Laubadère, est révélée par Arnaud Dilloard dans sa thèse réalisée à partir des archives du Conseil (*Les Observations du gouvernement devant le Conseil constitutionnel*, Paris 1, 2012, p. 132-133).

13. Décision 44 DC du 16 juillet 1971.

14. Décision 51 DC du 27 décembre 1973. Cf. Arnaud Dilloard, *Les Observations du gouvernement devant le Conseil constitutionnel*, thèse citée, p. 36 et 145.

15. Le président Badinter avait, en 1986, proposé que les rapporteurs de la loi viennent la défendre devant le Conseil, mais la proposition fut rejetée par les présidents des chambres au motif que le travail des rapporteurs s'achève avec l'adoption définitive du texte. Par la suite, le Conseil a

part, l'intervention du SGG comme avocat de la loi a été facilitée par une série de considérations institutionnelles, politiques et culturelles.

Des considérations institutionnelles d'abord, car le SGG est immédiatement informé par le SGCC de l'enregistrement d'une saisine visant une loi ordinaire. Cette information répond à deux exigences : satisfaire à l'obligation de notification de la saisine aux quatre plus hautes autorités de l'État[16], et permettre la suspension du délai de promulgation de la loi exigée par l'article 61, alinéa 4 C, le SGG étant chargé de préparer cette ultime étape du processus législatif[17].

Des considérations politiques ensuite, car le gouvernement a souvent, pour ne pas dire toujours, un intérêt politique à défendre la loi qui est contestée par quelqu'un d'autre que lui devant le Conseil. Pour beaucoup d'auteurs, c'est parce que le gouvernement est à l'origine de la grande majorité des textes adoptés par le Parlement que son rôle de défenseur de la loi présente une certaine logique. En réalité, c'est avant tout parce que les saisines sont quasiment toujours issues de l'opposition que le gouvernement a intérêt à défendre la loi. À cet égard, nul doute que l'ouverture en 1974 de l'accès au Conseil à soixante députés ou soixante sénateurs pour leur permettre de contester une loi a renforcé le gouvernement dans sa position de défenseur des textes législatifs soumis au Conseil.

Des considérations culturelles pour finir, car le SGG et les services du Conseil, en particulier son secrétariat général, sont imprégnés de la même culture administrative. Ils gravitent dans la « galaxie Conseil d'État »[18] et partagent des habitudes de travail, parmi lesquelles figurent la discrétion, la rapidité et une rationalité bureaucratique. Il est à ce titre peu surprenant que le SGG ait pu s'acclimater sans difficulté au climat non juridictionnel du Conseil (faible contradiction, absence d'audience, etc.), à la différence de parlementaires habitués à la délibération et à la publicité. Au surplus, les va-et-vient au sein des deux secrétariats renforcent l'idée de symbiose[19].

---

organisé des auditions de parlementaires mais de manière exceptionnelle et le plus souvent parmi les auteurs de la saisine (Guillaume Drago, *Contentieux constitutionnel*, *op. cit.*, p. 406 et suiv.).

16. Article 18, alinéa 2, de l'ordonnance n° 58-1067 du 7 novembre 1958.

17. Circulaire du 30 janvier 1997 relative aux règles d'élaboration, de signature et de publication des textes au *Journal officiel* et à la mise en œuvre de procédures particulières incombant au Premier ministre, § 5.1.16.

18. Au sein du SGG, le secrétaire général et le conseiller pour les affaires constitutionnelles sont toujours choisis parmi les membres du Conseil d'État (en revanche, le chargé de mission QPC est un magistrat administratif en mobilité). Sur les neuf secrétaires généraux qu'a connus le Conseil constitutionnel, on compte huit conseillers d'État et un magistrat judiciaire.

19. Il y a ceux qui sont passés du SGG au SGCC (Jean-Éric Schoettl, Laurent Vallée et Jean Maïa) et celui qui a emprunté le chemin inverse (Marc Guillaume)

Enfin, le Conseil constitutionnel a tiré profit de l'intervention du SGG, et ce, à plusieurs titres. En premier lieu, ce service du Premier ministre a pu lui apporter son aide dans l'instruction des saisines, avant que les services de l'institution ne se développent à partir des années 1990. En deuxième lieu, le Conseil a pu bénéficier des qualités organisationnelles du SGG : ses liens et son autorité sur les ministères, propices à la centralisation des informations recueillies et à leur transmission *via* un interlocuteur unique, sa célérité, indispensable pour respecter le délai d'un mois imparti au Conseil pour statuer, et sa discrétion, opportune pour préserver l'anonymat du membre du Conseil chargé des fonctions de rapporteur. En troisième lieu, l'intervention du SGG pour défendre la loi face aux auteurs de la saisine a permis de donner à la procédure du contrôle *a priori* des allures de procès constitutionnel et donc de promouvoir l'idée, chère au Conseil, qu'il serait une juridiction et non un organe politique. Bref, si le gouvernement a eu un intérêt à défendre la loi devant le Conseil, ce dernier a tout aussi eu intérêt à ce qu'il le fasse. On comprend donc que le juge constitutionnel ait pu conforter le SGG dans cette fonction coutumière.

Tous ces éléments ont contribué à asseoir le rôle du Premier ministre, et, dans les faits, du SGG, comme défenseur de la loi. Selon toute vraisemblance, la proximité entre les deux secrétariats généraux explique également que les deux institutions jouissent d'une relation privilégiée, en particulier dans l'exercice du contrôle *a priori* de constitutionnalité.

Acte III. Une relation de complicité

La relation entre le Premier ministre et le Conseil dans l'accomplissement de la justice constitutionnelle a parfaitement su résister aux années. Le SGG est toujours l'avocat autoproclamé de la loi dans le contrôle *a priori*, et il jouit à cet égard d'un statut procédural avantageux par rapport aux autres acteurs de la procédure.

Le déroulement de l'instruction du contrôle *a priori* est désormais bien rodé[20]. Le SGG y assure seul la défense la loi soumise au Conseil constitutionnel, qu'elle soit ou non d'origine gouvernementale. En son sein, c'est le conseiller pour les affaires constitutionnelles, une fonction créée à l'initiative de Marceau Long, secrétaire général du gouvernement dans la seconde moitié des années 1970, pour répondre à l'augmentation des saisines, qui est chargé des échanges avec le Conseil[21].

20. Guillaume Drago, *Contentieux constitutionnel*, *op. cit.*, p. 408 et suiv.
21. Jean Guiselin, *Le Secrétariat général du gouvernement*, thèse, Paris 2, 2015, p. 304.

Concrètement, après l'enregistrement de la saisine contestant tout ou partie d'une loi qui vient d'être adoptée par le Parlement, le Conseil la transmet au Premier ministre, ainsi qu'au président de la République et aux présidents des chambres, sachant qu'en pratique seul le chef du gouvernement participe effectivement, par l'intermédiaire du SGG, à la suite de la procédure. Quelques jours, voire quelques heures plus tard, le SGCC adresse au SGG un questionnaire relatif à la loi élaboré par le membre du Conseil chargé des fonctions de rapporteur, en concertation avec le secrétaire général et, selon les cas, les membres du service juridique de la rue de Montpensier.

Dès réception de la saisine, le SGG organise une première réunion avec des représentants des ministères concernés par le texte de loi pour préparer sa défense. Il s'agit tant de réfuter les critiques invoquées par les auteurs de la saisine que de répondre aux questions du conseiller rapporteur. Ensuite, le SGG est convié par le SGCC à participer à une réunion d'instruction qui se tient, à l'abri des regards, dans les locaux de la rue Montpensier. Cette réunion met en présence, d'un côté, le conseiller rapporteur, accompagné d'autres membres du Conseil et assisté par le secrétaire général et les services de l'institution, et, de l'autre, une délégation constituée par le SGG, composée du conseiller pour les affaires constitutionnelles et des représentants des ministères concernés. L'objet de cette réunion, traditionnellement dénommée « réunion SGG », est d'éclairer le Conseil sur la loi en général et les dispositions critiquées par les auteurs de la saisine en particulier. Enfin, une dernière réunion est organisée au SGG, rassemblant en principe les mêmes participants qu'à la première, destinée à finaliser la rédaction des observations du gouvernement qui seront transmises au Conseil. Depuis 1986, ce dernier les communique aux auteurs de la saisine, qui pourront éventuellement produire un mémoire en réplique, auquel le gouvernement pourra également à son tour répondre par des secondes observations, étant entendu que ces échanges se déroulent dans un laps de temps très court[22].

Si l'échange de mémoires participe d'une forme de contradiction entre les deux « parties » de la procédure, l'absence des auteurs de la saisine à la réunion d'instruction constitue une évidente méconnaissance du principe de l'égalité des armes mais aussi du principe du contradictoire puisque c'est à cette occasion que le conseiller rapporteur peut révéler, plus ou moins explicitement, ses doutes concernant la constitutionnalité de dispositions

22. Depuis 1994, les observations échangées sont publiées, une fois la décision rendue, au *Journal officiel*, puis désormais sur le site internet du Conseil constitutionnel.

législatives non critiquées dans la saisine. Toutefois, le contrôle *a priori* n'étant pas soumis aux exigences du droit à un procès équitable garanties par l'article 6, § 1, de la Convention européenne des droits de l'homme, à la différence de la procédure de QPC, la France ne risque pas d'être condamnée par la Cour de Strasbourg. Il n'en demeure pas moins que ce déséquilibre en faveur du gouvernement interroge l'impartialité du juge constitutionnel. Il montre en tout cas l'ambivalence du rôle du SGG, à la fois défenseur de la loi et auxiliaire d'instruction du Conseil.

Loin d'être remis en cause par les « Sages », le privilège du SGG a été gravé dans le marbre. Le règlement intérieur adopté en 2022 par Conseil constitutionnel pour codifier les usages en cours dans l'instruction du contrôle *a priori* prévoit que, « à l'initiative du rapporteur, le Premier ministre est invité à produire des observations écrites qui sont notifiées dans les conditions prévues à l'article 6. Une audition des services compé-
tents désignés par le Premier ministre parmi ceux placés sous son autorité peut être organisée[23] ». Ce faisant, l'existence de la « réunion SGG » a été pérennisée, de même que l'absence des auteurs de la saisine à celle-ci. En revanche, la fonction de défenseur de la loi du Premier ministre demeure un usage non écrit.

Cette vocation de défenseur de la loi est si solidement ancrée dans les habitudes du contentieux constitutionnel français qu'elle a trouvé à s'appliquer dans la procédure de la QPC, une fois encore dans le silence des textes, mais qui plus est dans un contexte institutionnel différent pour le chef du gouvernement. Depuis les débuts de la procédure de contrôle *a posteriori* de constitutionnalité des dispositions législatives en 2010, le SGG intervient systématiquement dans chaque affaire QPC renvoyée au Conseil constitutionnel, cette fois, sur un pied d'égalité avec les autres parties au procès constitutionnel. En d'autres termes, le Premier ministre est une partie comme les autres dans la procédure de QPC : il peut produire des observations écrites et participer à l'audience[24] mais ne bénéficie d'aucun avantage procédural, principe d'égalité des armes oblige. Ce n'est pas le conseiller pour les affaires constitutionnelles qui représente le Premier ministre mais un chargé de mission qui travaille spécifiquement sur les QPC. Sa mission n'est toutefois pas différente : défendre la loi contestée.

23. Décision 152 ORGA du 11 mars 2022, art. 9.

24. À la différence de ce qu'il en est pour le contrôle *a priori*, les observations du gouvernement dans la procédure de QPC ne sont pas publiées. Mais l'audience est publique et son enregistrement est diffusé sur le site internet du Conseil.

Une fois encore, rien dans les textes ne conduisait le Premier ministre et ses services à assumer cette tâche spécifique. La loi organique prise pour l'application de l'article 61-1 C indique seulement que, après le renvoi d'une QPC devant lui, « le Conseil constitutionnel [...] avise immédiatement le président de la République, le Premier ministre et les présidents de l'Assemblée nationale et du Sénat. Ceux-ci peuvent adresser au Conseil constitutionnel leurs observations sur la question prioritaire de constitutionnalité qui lui est soumise[25] ». Sauf rares exceptions, seul le Premier ministre a utilisé cette faculté et, dans la très grande majorité des cas, il a soutenu la conformité à la Constitution des dispositions législatives contestées. En effet, même si la situation politique du gouvernement est différente de celle qui est la sienne dans le contrôle *a priori*, dans la mesure où les dispositions législatives contestées peuvent avoir été adoptées sous une législature dominée par une autre force politique que celle le soutenant, le SGG assume toujours sa vocation de défense de la loi. Il faut probablement y voir l'attachement à une mission traditionnelle du SGG et la volonté de prolonger le dialogue avec le juge constitutionnel.

*

La défense de la loi par le SGG, pour le compte du Premier ministre, est devenue, avec le temps, une caractéristique structurelle du contentieux constitutionnel français. Cela étant, la défense de la loi connaît, tant dans le contrôle *a priori* qu'*a posteriori*, des tempéraments. Parfois, le SGG s'en remet à la « sagesse du Conseil », c'est-à-dire qu'il ne souhaite pas prendre parti sur la question de la conformité de la loi à la Constitution[26]. Aujourd'hui, il semble que la formule soit surtout utilisée dans des affaires où la censure du Conseil fait peu de doute, le SGG ne jugeant pas nécessaire de participer à un combat perdu d'avance. Mais, dans le passé, d'aucuns ont pu se demander si le SGG n'avait pas volontairement baissé la garde lorsque les dispositions législatives contestées n'étaient pas du goût de la majorité au pouvoir, soit – s'agissant du contrôle *a priori* – qu'elles étaient issues d'un amendement auquel le gouvernement s'était opposé, soit – concernant la QPC – qu'elles aient été adoptées par des parlementaires d'un bord politique différent. Il est un autre cas de figure, exceptionnel, dans lequel le SGG n'a selon toute vraisemblance pas livré bataille au soutien de la loi : c'est celui où un membre du gouvernement est l'auteur d'une QPC, comme

25. Article 23-8 de l'ordonnance n° 58-1067 du 7 novembre 1958.
26. Cf., par exemple, décisions 783 QPC du 17 mai 2019 et 863 DC du 25 janvier 2024.

dans l'affaire à l'origine de laquelle se trouvait le garde des Sceaux Éric Dupond-Moretti, lequel contestait la constitutionnalité de dispositions du code pénal qui lui avaient été appliquées dans une procédure en cours[27]. Dans ce cas, on voit mal le SGG braver le fer avec le ministre ; il est donc fort probable que la défense de la loi n'ait, en l'espèce, pas été assurée par le chef du gouvernement.

Quoi qu'il en soit, si ces tempéraments conduisent à se demander si le SGG est toujours le mieux placé pour défendre la loi devant le Conseil, ils n'entament en rien la force du lien unissant le Premier ministre et le Conseil constitutionnel. Compte tenu de l'incapacité aiguë du contentieux constitutionnel français à se réformer, ce couple a encore de belles années devant lui.

27. Décision 1046 QPC du 21 avril 2023.

RÉSUMÉ

Le Premier ministre et le Conseil constitutionnel entretiennent une relation privilégiée dans l'exercice de la justice constitutionnelle. Depuis les années 1970, les deux institutions ont tissé, par l'intermédiaire de leurs secrétariats généraux, des liens étroits dans le cadre du contrôle a priori *de constitutionnalité. Le Premier ministre y est, par la voie du Secrétariat général du gouvernement, le défenseur autoproclamé de la loi et il jouit, qui plus est, d'un statut avantageux par rapport aux autres acteurs de la procédure. L'instauration de la* QPC *en 2010 n'a pas remis en cause la solidité de ce couple institutionnel : si le chef du gouvernement est une partie comme les autres dans le nouveau procès constitutionnel, il reste fidèle à sa mission, paradoxale mais désormais traditionnelle, de défenseur de la loi devant le Conseil constitutionnel.*

Brigitte Gaïti

Le Premier ministre, premier des ministres : retours sur l'interministérialité

Diriger un gouvernement n'est pas tâche facile. Les présidents du Conseil sous les IIIe et IVe Républiques en ont fait, et souvent relaté, l'expérience. Quant aux Premiers ministres de la Ve République, pourtant chargés selon l'article 21 de la Constitution de la direction du gouvernement, ils décrivent dans leurs témoignages « l'enfer de Matignon », depuis « les vingt dilemmes à trancher chaque jour », les « ministres qui viennent se plaindre », la « litanie des bons et mauvais sondages »[1], jusqu'à la navigation entre contraintes budgétaires, concurrence du président de la République, médias à l'affût, frondes parlementaires, pression des partis et syndicats, ou encore surveillance des sondages. Une des tâches les plus complexes et les plus chronophages du Premier ministre consiste à tenter de forger et domestiquer une « équipe » de ministres sous sa direction. L'objectif semble ne devoir jamais être atteint : les contextes constitutionnels et politiques ont beau changer, les rapports de force peuvent être bouleversés, rien n'y fait. Les fuites dont bénéficient les journalistes, les « petites phrases » égrenées dans les médias, la rétention d'informations, la résistance ou l'attentisme de certains ministres, l'appel au soutien du président contre son Premier ministre, sont des pratiques récurrentes qui scandent la vie du gouvernement. Certains voient là la marque d'ambitions insatiables des dirigeants politiques, d'autres le produit de relations interpersonnelles,

1. Pour reprendre la formule et les témoignages collectés par Raphaëlle Bacqué, *L'Enfer de Matignon*, Paris, Albin Michel, 2008, p. 5.

d'autres encore l'attribuent au dispositif bicéphale de la Ve République, mais l'indiscipline gouvernementale semble structurelle, ignorant la succession des régimes et des dispositifs constitutionnels. Ce n'est que dans de rares et toujours provisoires configurations de forces politiques que le leadership primo-ministériel peut s'imposer sans contestation ouverte.

Depuis les années 1930, les Premiers ministres ont vu leurs moyens matériels augmenter, leur reconnaissance constitutionnelle s'affirmer, leur espace d'action s'élargir, leur arbitrage être de plus en plus sollicité. Mais leur ambition de décider et de diriger que ne leur reconnaissent jamais totalement les textes est sans cesse contrariée en pratique. Coordonner plutôt que diriger et arbitrer plutôt que décider, telles sont les bornes sans cesse dressées, par d'autres acteurs politiques ou administratifs, à son empire[2].

On suivra le processus d'émergence au sein du gouvernement d'un Premier ministre, prééminent mais contesté, avant d'interroger la nouvelle architecture décisionnelle qui surgit des réformes de l'État engagées depuis les années 1980 et radicalisées au tournant du XXe siècle. Quelle autorité du Premier ministre sur ses ministres dans une conjoncture de redéploiement des acteurs interministériels ?

Le Premier ministre est devenu le premier des ministres dans le premier tiers du XXe siècle, pouvant se prévaloir d'un quasi-monopole du contrôle des ministres et de la coordination interministérielle ; il devient dans le premier quart du XXIe siècle un acteur interministériel parmi d'autres acteurs interministériels de rang égal ou supérieur à lui (présidence de la République, ministère des Finances, commissaires européens).

La naissance d'un chef ?

L'histoire de la discipline gouvernementale en France est une histoire longue[3]. Elle documente d'abord le renforcement indéniable du président du Conseil, de son administration propre et de son rôle à la tête du gouvernement. Ce renforcement traverse les régimes depuis les premiers temps de la IIIe République jusqu'à la Ve République. Ministre parmi d'autres au début de la IIIe République, placé comme les autres membres du gouvernement sous tutelle parlementaire, le président du Conseil se voit doté

---

2. Pour une analyse complète, cf. Delphine Dulong, *Premier ministre*, Paris, CNRS Éditions, 2021.

3. Cf. Nicolas Roussellier, *La Force de gouverner. Le pouvoir exécutif en France, XIXe-XXIe siècles*, Paris, Gallimard, 2015.

d'une force de frappe administrative et d'un rôle arbitral inédit à partir des années 1930.

Un ministre parmi d'autres

Jusque-là, il pouvait être selon les priorités du moment président du Conseil *et* ministre de la Guerre, de l'Intérieur, des Affaires étrangères ou des Finances. Le titre de président du Conseil n'était pas constitutionnalisé, l'ensemble du (faible) pouvoir exécutif étant entre les mains d'un président de la République qui préside le conseil des ministres. Sans services, sans personnel propre, le président du Conseil, une fois nommé par le président de la République, devait établir une liste de ministrables autour de quelques lignes de programme et cet ensemble était soumis à la Chambre des députés pour investiture. Le gouvernement apparaît alors comme une structure horizontale, une collection de ministres bien davantage qu'un collectif soudé, dotés pour beaucoup d'entre eux de ressources parlementaires fortes, et parfois plus fortes que celles du président du Conseil. Autonomes dans leur ministère, ces ministres une fois en poste s'appuient sur des administrations de plus en plus peuplées et spécialisées qui apprennent à préserver leur activité du regard des parlementaires et de celui des autres ministres, qu'ils soient ou non président du Conseil. Rien ne prédispose là au silence et à l'obéissance des ministres, ni les capitaux politiques forts dont ils disposent, ni les stratégies d'autonomisation de leurs administrations qui leur bénéficient. Ni discipline, ni solidarité gouvernementale donc : le conseil des ministres, bien loin d'être une arène de décision, est avant tout un lieu de rencontre dans lequel les membres du gouvernement, à en croire les témoignages et les mémoires, évoquent surtout l'actualité politique et les vicissitudes de la vie parlementaire.

Des ministères autonomes

Pourtant, dans la première décennie du XXe siècle, la question de la direction politique du gouvernement, de la cohérence de son action commence à faire débat. Les radicaux-socialistes dirigent les gouvernements après les législatives de 1906 et la Chambre vote des lois sociales qui élargissent le périmètre d'action de l'État. Le mouvement d'extension se poursuit et se lit dans la création de nouveaux ministères (travail, santé, logement, urbanisme, etc.) et, associés à ceux-ci, dans le recrutement – d'abord timide puis plus massif – de fonctionnaires progressivement spécialisés dans les nouveaux secteurs d'intervention étatique. La différenciation de ces administrations dites sectorielles s'accompagne de la construction d'un monde social lui aussi sectoriel. Des associations, des syndicats, des comités locaux, des professions organisées, des groupes sociaux nouveaux, deviennent les protagonistes ou les bénéficiaires de l'action publique. Cet enracinement offre ainsi à l'administration une capacité à agir sur le monde social et détermine l'obtention d'un crédit politique pour le ministre qui porte les réformes de son département. On comprend alors que cet enracinement et cette spécialisation qui sont les conditions d'une puissance de l'action publique sont aussi une des conditions de l'indiscipline du ministre, porté à suivre en partie « ses » fonctionnaires, les expertises de « ses » services, mais aussi amené à défendre les demandes de ses clientèles, et les intérêts des différents groupes avec lesquels les bureaux du département ministériel négocient. On trouve là les premiers éléments d'une indiscipline gouvernementale dont on conviendra qu'elle ne tient en rien aux « personnalités », ou aux ambitions, des uns et des autres.

Un nouvel arbitre

La Première Guerre mondiale et les urgences décisionnelles de même que le secret qui l'accompagnent avaient contribué au relâchement du contrôle parlementaire sur les députés. La question se prolonge dans l'après-guerre, soutenue par une nébuleuse réformatrice issue du privé comme du public, qui prône la refonte organisationnelle d'un ensemble gouvernemental qu'il s'agirait de « manager » de manière scientifique, en hiérarchisant les cercles de la décision, en repensant une division du travail entre comité de guerre, conseil des ministres, comités resserrés entre Premier ministre et ministres concernés par la politique publique à promouvoir. Au milieu des années 1930, certains dirigeants politiques de droite comme de gauche en appellent, avec une argumentation différente, à la réforme de l'État, à la réorganisation du pouvoir exécutif, à la rationalisation de la division du travail de fabrication de la décision. Il s'agit d'autonomiser et de spécialiser un niveau de pilotage et d'arbitrage interministériel, placé au-dessus des départements ministériels et mis à l'abri d'un contrôle parlementaire trop strict, contrôle dénoncé comme source de blocage des réformes politiques et de clientélisme.

La prolifération de ministères autonomes a ainsi poussé à la verticalisation du gouvernement, c'est-à-dire ici à la promotion d'un acteur interministériel, transsectoriel, susceptible d'arbitrer, de prioriser, de mettre en cohérence les actions, de plus en plus diverses et éclatées, du gouvernement. Le président du Conseil qui s'installe avec ses services à Matignon à partir de 1935 incarne ce niveau central de la direction gouvernementale. Président à temps complet désormais, parfois flanqué d'un sous-secrétaire d'État à la coordination du travail gouvernemental, il est le seul à maîtriser l'organigramme actualisé du gouvernement, le seul à connaître les projets de tous les ministres. Il peut s'appuyer sur tout un ensemble de services experts diffusant informations, statistiques et recommandations, ainsi que d'organismes satellites qui constituent une sorte de gouvernement parallèle. De plus, il dispose à partir de 1935 d'un tout nouveau service qui va devenir fort puissant, le Secrétariat général du gouvernement, chargé de préparer l'ordre du jour du conseil des ministres.

Ainsi, alors que le périmètre de l'État s'étend à de multiples domaines (logement, santé, assurances sociales, urbanisme, travail), alors que les députés délèguent de plus en plus souvent leur pouvoir de légiférer à coups de décrets-lois, de lois d'habilitation ou de lois-cadres, Matignon peut mobiliser une expertise globale faite d'études juridiques, d'informations statistiques économiques et sociales, qui autorisent l'instruction préalable des dossiers et aiguisent le droit de regard qu'il peut revendiquer sur tous les projets intéressant plusieurs départements ministériels avant dépôt sur le bureau des chambres. Les parlementaires gardent certes le droit de renverser et d'investir, les ministres entretiennent des ressources de pouvoir et de singularité liés à leur administration sectorielle, mais tous doivent faire avec ce nouveau centre coordonnateur. Le différentiel de ressources bureaucratiques en faveur du Premier ministre et secondairement du ministre des Finances ou de l'Intérieur transforme l'ensemble du processus décisionnel.

La force du Premier ministre s'inscrit ainsi d'emblée, non pas tant dans sa capacité politique improbable de discipliner ministres ou groupes parlementaires, mais bien dans cette réorganisation managériale qui marque dès le premier tiers du XXe siècle un « dessaisissement »[4] de fait du conseil des ministres au profit des organes nouveaux de l'exécutif que sont les réunions interministérielles et l'ensemble des services de (ou rattachés à) Matignon. Le nouveau processus décisionnel fait la part belle aux hauts fonctionnaires, membres du Conseil d'État, directeurs de cabinet du Premier ministre et de l'Élysée, et du Secrétariat général du gouvernement. On le voit, dans cette histoire, la Ve République n'est pas un point de rupture. Cette première configuration de pouvoir est vouée à se reproduire ; d'un côté, des ministères qui se sectorisent et des ministres poussés à jouer le jeu de leur département pour gagner du crédit politique et, de l'autre, un espace intersectoriel qui entend obliger les ministres à jouer collectif et à se plier aux arbitrages qu'il rend et aux priorités qu'il définit.

4. *Ibid.*, p. 443.

La consécration de l'interministériel ?
Dans ce processus de réforme du gouvernement, la période de la Libération est un moment très particulier durant lequel des réformes visent à consolider les organes du pilotage gouvernemental. Non seulement les constituants de 1946 tentent de faire du président du Conseil l'homme fort de l'exécutif, chef d'une majorité parlementaire, mais tout un ensemble d'innovations institutionnelles vise à émanciper un espace interministériel susceptible de domestiquer les ministres. La création de l'École nationale d'administration devait affaiblir les recrutements ministériels, homogénéiser la formation et permettre les circulations aux sommets de l'État. Le corps des administrateurs civils, pensé comme un corps interministériel, devait faire obstacle à l'étroitesse de la culture de services. Le Plan, rattaché au Premier ministre, entendait définir les priorités de l'action publique globale par la concertation entre les administrations, les experts et les représentants professionnels, et convertir l'ensemble des départements ministériels au langage de la modernisation économique du pays. Le Premier ministre était pensé comme le grand ordonnateur de cette mise en marche d'un gouvernement tout uni sous la bannière de la rénovation démocratique. Autre innovation significative, un « règlement intérieur des travaux du gouvernement », adopté en conseil des ministres en janvier 1947, fait du président du Conseil un acteur décisionnel central. Nicolas Roussellier voit dans ce texte qui institue les réunions interministérielles rien de moins qu'une « Constitution cachée » du régime[5].

Mais cette montée en puissance est rapidement fragilisée. Elle l'est politiquement d'abord, car les ministres qui sont nommés après 1947 dans les gouvernements post-tripartisme sont bien souvent des revenants de la IIIe République, dotés de forts capitaux politiques et parlementaires, et guère disposés à se taire ou à se plier à des arbitrages défavorables. Ils peuvent à tout moment faire jouer la menace d'une censure parlementaire. Un gouvernement de la IVe République échappe pourtant à ce scénario et fait voir par contraste les conditions politiques de la discipline. L'investiture de Pierre Mendès France, en juin 1954, obéit en effet à des ressorts extraordinaires : il est investi par défaut sous la pression de députés d'arrière-ban et de divers publics mobilisés (intellectuels, journalistes, étudiants, hauts fonctionnaires modernisateurs). Peu soutenu à l'Assemblée nationale, y compris par les membres du groupe radical, il tente de faire de sa faiblesse une force politique, recrute, sans consulter les chefs de groupe, des ministres

5. *Ibid.*, p. 449.

peu connus, dont des hauts fonctionnaires, établissant ainsi un différentiel de ressources à son profit. Revendiquant une posture de décideur, il s'engage sur une ligne d'action très sensible, clivante, en élevant même le niveau de contrainte de son programme (négocier la paix en Indochine dans un délai court, mettre à l'agenda parlementaire le traité de la Communauté européenne de défense, préparer l'indépendance de la Tunisie). Mendès France a suscité une loyauté rare chez ses ministres, tous embarqués dans cette entreprise périlleuse, mais son renversement après sept mois rappelle les limites de la subversion et les conditions très particulières de la formation de ce collectif soudé.

La montée en puissance de Matignon reste fragile également sur le plan administratif. Les ministères sectoriels d'un État-providence en expansion renforcent leur personnel et leur autonomie en s'appuyant sur des mondes sociaux qu'ils organisent et dont ils relaient avant tout les revendications. Les innovations de la Libération sont largement vidées de leur potentiel de décloisonnement de l'État. Le corps des administrateurs civils est re-ministérialisé, les ministères gardent la main sur leur expertise et la définition de leurs priorités, le Plan est « sectorialisé ».

Dans ces conditions, le président du Conseil de la IVe République, placé sous surveillance de l'Assemblée nationale et sous domination de puissants départements administratifs, ne peut guère exercer son magistère interministériel.

Discipline et fragmentation gouvernementale au début de la Ve République

À partir de 1958, la distribution du pouvoir au sein de l'exécutif est bouleversée. La Constitution reconnaît cette fois officiellement la place d'un Premier ministre, avec cette subtilité juridique : si le Premier ministre dirige l'action du gouvernement (art. 21), c'est le gouvernement dans son ensemble qui détermine et conduit la politique de la nation (art. 20). Mais c'est bien sûr le poids du président de la République, consacré dans le texte et surtout dans la pratique inaugurée par le général de Gaulle, qui change la donne. Le lien entre Premier ministre et ministres, qui, s'il n'était pas un lien de tutelle au sens juridique du terme, supposait la supériorité du premier sur les seconds, se distend encore, mais sous une forme inédite. C'est cette fois le président de la République qui, de fait, nomme et révoque les ministres ; c'est lui qui multiplie les conseils à l'Élysée, qui discute avec des ministres sans en informer le premier d'entre eux, et qui, par des lettres circulaires, entend fixer la feuille de route de chacun des membres du gouvernement.

Durant les premiers temps de la Ve République, un collectif gouvernemental émerge sur la base d'un alignement laborieux sur la politique algérienne du président de la République. Les sanctions prises contre les ministres ayant cru bon de publiciser leur avis sur l'orientation du conflit algérien donnent à voir cette entreprise de mise au pas. Mais le silence politique qui se donne comme la marque de la solidarité gouvernementale à partir de 1962 est complexe à analyser. Pour le général de Gaulle, la figure du ministre idéal était celle du fonctionnaire le plus ancien dans le grade le plus élevé : un recteur à l'Éducation nationale, un ambassadeur aux Affaires étrangères, un préfet à l'Intérieur. L'instauration d'une incompatibilité entre le mandat parlementaire et la présence au gouvernement soulignait la rupture entre activité parlementaire et activité gouvernementale, tandis que la nomination de ministres techniciens sans ressources partisanes ou parlementaires pouvait laisser anticiper une disposition à la discrétion et à l'obéissance politique. Or cette injonction au silence passe par l'injonction à l'étroite spécialisation de chacun des ministres. La stratégie politique globale, le dégagement des priorités, sont affichés au cours du conseil des ministres comme l'apanage du président de la République. Les membres du gouvernement sont invités à ne prendre la parole que sur les projets concernant leur portefeuille d'attribution. Dans ces conditions, faire carrière pour un ministre suppose de s'investir en priorité dans l'activité de son ministère. En ce sens, la solidarité gouvernementale célébrée par les dirigeants du régime restreint certes les prises de position politiques dissidentes, mais se traduit par le repli des ministres sur leur domaine, mettant à l'épreuve une fois encore le pilotage par le Premier ministre.

C'est encore pour d'autres raisons que l'on peut analyser ces gouvernements des premières décennies de la Ve République comme des gouvernements où le pilotage interministériel reste peu effectif mais aussi peu mobilisé. En effet, la croissance économique fluidifie les échanges entre ministères, permet de négocier plus aisément la coexistence des priorités des uns et des autres et limite les conflits. La croyance dans les bienfaits de la modernisation, des investissements productifs ou de la protection sociale permet un alignement *a minima* de l'ensemble du gouvernement, sans nécessité d'arbitrages douloureux entre ministères. Dans ces conditions, le Premier ministre, de même d'ailleurs que le ministre des Finances, ne réussit plus à piloter l'action du gouvernement. C'était sans doute un des ressorts de l'alliance entre Matignon, la direction de la prévision et la direction du budget à la fin des années 1960, nouée autour du programme de rationalisation des choix budgétaires destiné à sensibiliser les ministères et leur administration à la question des coûts. Un des enjeux pour ces acteurs centralistes était aussi de reprendre pied dans les ministères, notamment dans leur manière de compter et d'évaluer l'action publique.

Le souci de la fragmentation étatique, particulièrement exprimé aux Finances et à Matignon, prend un nouveau tour au milieu des années 1970, quand les premiers soubresauts de la crise économique se traduisent par des frictions interministérielles plus abruptes et des remontées plus fréquentes vers l'arbitrage du Premier ministre. Les équipes de ce dernier, adossées au ministère des Finances et en particulier à la direction du budget, se mobilisent pour reprendre la main au sein du gouvernement. À compter des années 1980, la dénonciation des silos ministériels accompagne la mise en place de politiques de réorganisation de l'État et de processus décisionnels de plus en plus verticaux et transversaux.

Une nouvelle strate interministérielle ?

Si rupture il y a dans cette histoire du pilotage interministériel par un Premier ministre, elle ne se situe pas en 1958 mais dans les années 1990-2000. Les difficultés que rencontre la commande de l'État sont érigées en problème prioritaire par les hauts fonctionnaires des Finances, de Matignon, de l'Intérieur, qui expérimentent un rétrécissement de leurs marges de manœuvre lié à l'européanisation, la montée des déficits publics, la financiarisation de la dette, ou encore à la décentralisation. Certains de ces hauts fonctionnaires épaulés par quelques dirigeants politiques en appellent à une réforme de l'État, c'est-à-dire à une réorganisation des architectures étatiques et des procédures de décision gouvernementale[6].

Une des conditions du succès de cet « État stratège »[7] qu'ils appellent de leurs vœux réside selon eux dans la mise au pas des mondes sectoriels. Des réformes incrémentales, sans cesse relancées tout au long des années 1980 et 1990, viennent déstabiliser les réseaux qui sont nés de l'enracinement social des ministères sectoriels. Il s'agit pour les organes centralistes que sont Bercy ou Matignon de s'implanter, timidement d'abord, puis massivement au cours de la décennie 2000, dans l'activité et le périmètre des ministères, dans leurs politiques du personnel, dans leur structure organisationnelle, dans la définition des priorités de leur action, dans le contrôle de leur performance au moyen de toute une batterie d'instruments et, bien

---

6. Philippe Bezes, *Réinventer l'État. Les réformes de l'administration française (1962-2008)*, Paris, PUF, 2009.

7. *Id.*, « Le modèle de "l'État stratège" : genèse d'une forme organisationnelle dans l'administration française », *Sociologie du travail*, n° 47, 2005, p. 431-450.

sûr, dans les liens privilégiés noués avec les professions et les bénéficiaires des politiques publiques. Faire rentrer ces mondes sectoriels dans les étroites marges d'action que peuvent leur laisser les instances interministérielles, tel est l'impératif décliné par les gouvernements qui se succèdent à partir des années 1990. Jean-Marc Sauvé, secrétaire général du gouvernement de 1995 à 2006, évoque l'activité de ces services qui consistait à rappeler inlassablement les ministres à l'ordre des contraintes enserrant l'État. Les « marges » que l'on peut exploiter pour « atteindre des objectifs politiques déterminés », dit-il, « n'ont pas cessé de se restreindre », et ce, par rapport « aux années 1950 à 1980 ». La mission du Secrétariat général du gouvernement, ajoute-t-il, est délicate car il faut répondre « trop souvent » aux hommes politiques : « Vous ne pouvez pas. »[8] D'autres témoignages font état de ces rituels qui organisent les réunions interministérielles au cours desquelles le conseiller de Matignon qui préside se tourne vers le représentant du Budget pour demander ce qu'en pensent les Finances. La réponse est généralement défavorable.

Le redéploiement de l'interministériel

L'alignement des ministères sectoriels prend un cours plus radical en 2007, avec la révision générale des politiques publiques et la programmation de l'action de l'État, cadrée par la loi organique relative aux lois de finances autour de la recherche de la performance et de la transparence. Les ministères, c'est-à-dire leurs objectifs, leurs dépenses, leurs modes d'opérationnalisation des mesures, leurs résultats, sont « mis à nu » et offerts à une surveillance élargie, auscultés par des équipes d'audit peuplées de consultants externes et de membres des inspections générales de l'administration.

Bien sûr, les ministères sectoriels apprendront à contourner certains des dispositifs censés les contrôler, bien sûr, les opérateurs de l'action publique sauront partiellement déjouer les injonctions multiples réputées les engager dans un alignement sans faille, mais la succession vertigineuse de réformes a largement bousculé les « citadelles » ministérielles. Les directeurs d'administration centrale sont choisis sous « contrôle » du Secrétariat général du gouvernement, qui met ainsi très nettement le pied dans les ministères. La Fonction publique est rattachée au Budget. Le bouleversement des ministères, des services administratifs, des chaînes hiérarchiques, des périmètres de compétence (à coups de fusions ou de créations d'agence), forme ainsi

8. « Assurer la continuité et l'impartialité de l'État. Entretien avec Jean-Marc Sauvé », *Revue française d'administration publique*, n° 171, 2019, p. 740.

un tableau éloquent des mobilisations engagées autour de la production d'un gouvernement discipliné. Cet espace de l'interministériel connaît par ailleurs de nouvelles concurrences qui seront sans doute source de fragmentation à venir – entre les Finances et Matignon, par exemple. Lionel Jospin, lorsqu'il était Premier ministre, avait le projet de rattacher le Budget à Matignon et envisageait un « super-SGG », reconfiguré en « Centre de gouvernement », capable d'« entrer dans la véritable vie des ministères[9] ». Nicolas Sarkozy a quant à lui rêvé un temps du regroupement des services de Matignon[10] sous la houlette de l'Élysée.

Quelques pistes en guise de conclusion

La présidentialisation du régime, si elle n'est pas totalement inédite, est ainsi accélérée depuis 2007. Bien plus, depuis l'arrivée d'Emmanuel Macron à l'Élysée en 2017, ministres et hauts fonctionnaires, cabinets et services, ministères sectoriels et ministères transversaux, sont mis au service d'un État producteur et promoteur de politiques publiques supposées former le vecteur d'une réélection présidentielle. La mobilisation est générale : les fonctionnaires sont mis « sous pression » « pour mettre rapidement en musique les réformes ». Les membres de cabinets entendent associer davantage les directeurs d'administration centrale pour « travailler en mode projet », selon le témoignage d'un participant à un séminaire organisé à Matignon[11]. Les ministres sont eux aussi appelés à endosser et publiciser les politiques gouvernementales[12]. Ils doivent remplir des tableaux de bord sur le suivi d'une réforme, rendre des comptes à l'Élysée devant le secrétaire général de la présidence de la République, le directeur de cabinet du Premier ministre et le délégué interministériel à la performance publique. « Mis sous pression », « passés sur le gril », « la bride tenue courte » : les formules journalistiques ne manquent pas pour évoquer cette restriction considérable des marges ministérielles associée à la demande d'un engagement sans faille au service du projet présidentiel. On peut aussi citer ce jugement lapidaire sur le processus décisionnel à l'œuvre dans la réforme de la SNCF : elle « se conçoit à l'Élysée, se discute au ministère des Transports et se pilote à Matignon[13] ».

9. Pour reprendre les mots du secrétaire général du gouvernement de 2006 à 2015 (« La plus britannique des administrations françaises : le Secrétariat général du gouvernement. Entretien avec Serge Lasvignes », *ibid.*, p. 760).

10. Voir, *infra*, Aurélie Bretonneau, « Les services du Premier ministre », p. 101-112.

11. *Le Monde*, 9 avril 2019.

12. *Le Monde*, 20 septembre 2019.

13. *Le Monde*, 14 mars 2018.

En pleine campagne présidentielle de 2017, Emmanuel Macron n'avait pas caché son engagement à venir dans la coordination du gouvernement et, de fait, sa conception du rôle subordonné de Matignon : « Chacun des ministres aura une feuille de route [...]. Leur efficacité sera évaluée régulièrement et je déciderai une fois par an, en lien avec le Premier ministre, de les reconduire ou pas[14] ». Et peu avant, lors d'un meeting tenu à Londres le 21 février : « Moi, mes ministres, ils auront une responsabilité politique et, tous les ans, ils répondront des économies que je leur demande de faire et un ministre qui ne sait pas faire des économies est un ministre qui ne reste pas. » Le tournant s'accélère : « Le travail gouvernemental, après moi, après 2006, dit Jean-Marc Sauvé, je trouve qu'il s'est déplacé vers l'Élysée[15]. » Ce déplacement renvoie partiellement à l'instauration du quinquennat et à l'alignement du calendrier législatif sur le calendrier présidentiel, qui semblaient éloigner toute perspective d'une cohabitation.

Plusieurs points restaient à trancher en 2022. Le second mandat d'un président de la République devait mettre à l'épreuve le phénomène de verticalisation élyséenne, dans la mesure où il engage une configuration de succession dans laquelle le Premier ministre, héritier possible sinon probable, aurait pu devenir un personnage central. Or il s'est doublé d'une absence de majorité parlementaire et donc d'une incertitude sur le rôle du Premier ministre. En 2024, après la dissolution de la première assemblée du second mandat présidentiel, la tortueuse nomination de Michel Barnier à Matignon sous surveillance d'une chambre hostile et la façon dont ont été sélectionnés les ministres et leurs cabinets indiquent toutefois que le processus de présidentialisation n'est pas totalement enrayé. On peut méditer sur ces commentaires rapportés dans la presse à propos de la réorganisation du tandem Élysée-Matignon dans ce contexte politique incertain : « "Le président a changé de rôle. Il est arbitre, garant, il n'est plus un président qui gouverne [...]", assure-t-on au Palais. [...] "On coupe les fils avec Matignon", annonçait, la veille, le secrétaire général de l'Élysée, Alexis Kohler, devant les équipes élyséennes. [...] Finies les réunions interministérielles, plus de conseillers partagés, ni d'interventionnisme dans les politiques publiques ou dans le choix du directeur de cabinet, énumère un conseiller de l'Élysée. » Et les journalistes du *Monde* d'ajouter que ce conseiller « omet de signaler que Jérôme Fournel, nouveau directeur de cabinet de Michel Barnier, est un proche

14. *Le Journal du dimanche*, 9 avril 2017.
15. « Assurer la continuité et l'impartialité de l'État », art. cité, p. 743.

d'Alexis Kohler » et l'ancien directeur du cabinet de Bruno Le Maire aux Finances[16].

Pourtant, qu'on l'appelle « cohabitation » ou « collaboration exigeante », la configuration des rapports de force entre Matignon et l'Élysée qui s'engage alors ouvre à des interrogations nouvelles : il y a bien maintien d'une influence présidentielle, plus indirecte et plus sectorisée, liée à la reconnaissance d'un « domaine réservé » aux frontières extensibles ou à un large pouvoir de nomination. Mais il y a aussi le déploiement par le Premier ministre de ressources propres, susceptibles de lui dégager des marges de manœuvre. Ressources organisationnelles d'abord, si l'on déchiffre le sens de la division de la « forteresse Bercy » en un ministère de l'Économie et des Finances et un ministère délégué au budget rattaché à Matignon, ou si l'on décode la création d'un ministère chargé de la coordination gouvernementale. Ressources symboliques ensuite, comme l'indique le rapatriement du compte rendu du conseil des ministres à Matignon. Ressources politiques enfin, liées à une configuration des rapports de force partisans très complexe entre délégation d'une politique impopulaire en temps de contraintes budgétaires, attentes d'une dissolution et concurrence des ambitions présidentielles.

16. Claire Gatinois et Alexandre Pedro, « Avec Michel Barnier, la rupture dans la continuité à Matignon », *Le Monde*, 7 septembre 2024.

RÉSUMÉ

Le Premier ministre est-il devenu le premier des ministres ? Pour le savoir, il faut d'abord suivre le processus d'émergence au sein du gouvernement d'un Premier ministre, prééminent mais contesté, avant d'interroger la nouvelle architecture décisionnelle qui surgit des réformes de l'État engagées depuis les années 1980 et qui a contribué à domestiquer les ministres et leurs départements.

MATTHIEU CARON

LE PREMIER MINISTRE EN DROIT GOUVERNEMENTAL

Interpellé au sujet de l'existence d'un droit gouvernemental, Michel Rocard rétorqua : « Ce droit, s'il existait, aurait une source unique en la personne du Premier ministre[1]. » L'ancien chef du gouvernement vit relativement juste. Le droit gouvernemental prend sa source à Matignon, cette entité pouvant être entendue comme l'unité regroupant, tel l'ombre et le corps, le Premier ministre (dénommé « PM » en langage administratif), son cabinet, sans oublier le Secrétariat général du gouvernement (dit SGG).

Par droit gouvernemental, il faut comprendre « droit de l'ordre intérieur du gouvernement »[2]. En effet, au même titre que le Parlement, le gouvernement est habilité, sous la Ve République, à la fois par le texte constitutionnel, la loi et la jurisprudence, ainsi que par leurs imprécisions et leurs silences respectifs, à régir lui-même l'essentiel de son organisation et de son fonctionnement internes au moyen de sources propres. En premier lieu, l'ordre intérieur du gouvernement se présente comme un ordre organiquement autonome au sens où le gouvernement crée et régit lui-même la plupart des organes qui lui sont rattachés. En second lieu, il constitue un ordre fonctionnellement affranchi dans la mesure où le gouvernement définit de façon discrétionnaire une grande partie des règles et des fonctions de ces organes, qui correspondent « à la part irréductible d'auto-organisation qui

1. Cité par Alexandre Bonduelle, *Le Pouvoir d'arbitrage du Premier ministre sous la Ve République*, Paris, LGDJ, 1999, p. 275.

2. À propos de la théorisation du droit gouvernemental, cf. notamment Matthieu Caron, *L'Autonomie organisationnelle du gouvernement. Recherche sur le droit gouvernemental de la Ve République*, Bayonne, Institut universitaire Varenne, 2015 ; *id.*, *Droit gouvernemental*, Paris, LGDJ, 2020 ; *id.*, *Droit gouvernemental. Finalités théoriques, pratiques et démocratiques*, Bayonne, IFJD, 2023 ; Vincent Boyer et Raphaël Reneau (dir.), *Pour un droit gouvernemental ?*, Bayonne, IFJD, 2022.

est nécessaire à toute entreprise[3] ». En dernier lieu, il forme un ordre procéduralement autonome en ce que le gouvernement administre librement son intendance, son travail et sa communication.

Constitutionnellement toutefois, si la séparation des pouvoirs garantit l'autonomie organisationnelle des pouvoirs publics constitutionnels, cette liberté ne va pas sans limites, le droit gouvernemental ayant également vocation à subordonner l'organisation intérieure du gouvernement au droit. Cette subordination s'insère, *mutatis mutandis*, au sein des trois domaines du droit constitutionnel (normatif, substantiel et institutionnel) tels que théorisés par le doyen Favoreu dans un article fondateur de la *Revue française de droit constitutionnel*[4]. Pour commencer, l'ordre intérieur du gouvernement est un ordre normativement subordonné (ou encastré) dans un système supra-réglementaire contraignant formé de prescriptions constitutionnelles et législatives. En conséquence, il se présente en outre sous la forme d'un ordre jurisprudentiellement subordonné, c'est-à-dire hétérolimité par les justices constitutionnelle, administrative et pénale. Pour finir, il s'apparente à un ordre institutionnellement subordonné au sens où le président de la République et le Parlement disposent d'un pouvoir d'ingérence en son sein, obligeant le gouvernement à se discipliner.

En vérité, l'autonomie normative comme la capacité du gouvernement à s'autodiscipliner relèvent essentiellement du pouvoir du PM, le constituant lui-même ayant imaginé que le gouvernement et son droit devaient « s'incarner dans le Premier ministre », pour reprendre le mot de René Cassin[5].

Une autorité normative

Contrairement à une idée reçue, le droit gouvernemental n'est pas simplement un droit politique non écrit ; il repose sur de nombreuses normes écrites, plus ou moins dures, dont le Premier ministre et ses services[6] sont les principaux producteurs.

3. Jean Rivero, *Les Mesures d'ordre intérieur administratives. Essai sur les caractères juridiques de la vie intérieure des services publics*, Paris, Sirey, 1934, p. 343.

4. « Le droit constitutionnel, droit de la Constitution et constitution du droit », *Revue française de droit constitutionnel*, n° 1, 1990, p. 78.

5. Prononcé lors de la réunion de la commission constitutionnelle du Conseil d'État des 25 et 26 août 1958 (*Documents pour servir à l'histoire de l'élaboration de la Constitution du 4 octobre 1958*, t. 3, Paris, La Documentation française, 1991, p. 67).

6. Voir, *infra*, Aurélie Bretonneau, « Les services du Premier ministre », p. 101-112.

C'est d'abord la Constitution qui habilite le Premier ministre à régir le droit gouvernemental, spécialement au titre de ses articles 8, 21, 37 et 39. En vertu de l'article 8 C, en codécision avec le chef de l'État (ou « PR »), le PM prend le décret de composition du gouvernement qui donne juridiquement vie à ce dernier. Par suite, l'article 21 C l'habilite à diriger l'action du gouvernement, à assumer la responsabilité de la défense nationale et de l'exécution des lois, de même qu'à exercer le pouvoir réglementaire et le pouvoir de nomination à certains emplois civils et militaires. Quant à l'article 37 C, il confère au gouvernement un pouvoir réglementaire autonome qui sert de fondement à moult décrets pris par le Premier ministre pour régir l'organisation intragouvernementale. Enfin, au sens de l'article 39 C, l'initiative des projets de loi revient au chef du gouvernement.

Au vrai, les décrets, et tout particulièrement ceux relatifs à l'organisation gouvernementale, constituent la matière première du droit organisationnel du gouvernement. Il s'agit de décrets réglementaires ou individuels, tout comme de décrets pris en conseil des ministres et de décrets simples du président de la République, mais surtout de décrets en Conseil d'État ou de décrets simples du Premier ministre. Ces décrets concernent notamment les attributions des ministres (décret du 22 janvier 1959), les nominations de certains hauts fonctionnaires (décret du 9 janvier 2012) et l'organisation interne des administrations centrales. Tel est notamment le cas du décret en Conseil d'État du 15 juin 1987, pris sur le fondement de l'article 37 C qui autorise le Premier ministre, depuis le décret du 29 février 2008, à réglementer, par voie de décret simple, les services centraux de chaque ministère en directions générales, directions et services des départements ministériels. Ainsi en va-t-il également du décret en Conseil d'État du 27 juillet 2005 habilitant le Premier ministre à définir la liste des acteurs gouvernementaux qui peuvent bénéficier d'une délégation de signature. Autres exemples significatifs : le décret en Conseil d'État du 17 juillet 1998 relatif à la protection des secrets de la défense nationale, ainsi que le décret simple du Premier ministre du 8 décembre 2008 relatif à la publication des instructions et circulaires, lesquels font la démonstration éclatante de l'autonomie du PM pour réglementer le régime des actes intragouvernementaux[7]. De manière générale, en droit gouvernemental, nécessité fait décret : depuis le début de la Ve République, chaque fois que nécessaire, le Premier ministre produit du droit gouvernemental

7. Pour preuve supplémentaire, le Secrétariat général du gouvernement considère qu'il n'a pas à publier systématiquement ses circulaires, lesquelles portent, pour l'essentiel, sur l'organisation intérieure du gouvernement (réponse à la question écrite n° 16053 du 22 janvier 2019).

par voie décrétale pour créer de manière autonome toutes les institutions internes nécessaires à l'efficacité de l'action gouvernementale. Il peut, par exemple, instituer par voie de décret des comités interministériels[8], des administrations d'état-major (à l'image du Secrétariat général des affaires européennes) ou des services propres (tels que sa direction des services administratifs et financiers).

Le Premier ministre prend par ailleurs d'innombrables arrêtés visant à organiser journellement l'ordre intérieur du gouvernement. « L'arrêté ministériel [...] n'est rien d'autre que la mise en forme des actes de réglementation intérieure », résumait Jean Rivero[9]. Mais, si l'arrêté représente l'outil journalier du chef du gouvernement, il est davantage encore celui des ministres, qui prennent au quotidien les mesures réglementaires et individuelles nécessaires à l'organisation de leur ministère.

Outre le décret, l'outil normatif organisationnel privilégié par Matignon demeure la circulaire primo-ministérielle adressée à « Mesdames et Messieurs les ministres et secrétaires d'État ». Au reste, certaines circulaires, « de valeur plus politique que juridique[10] », revêtent une importance particulière pour l'ordonnancement interne du gouvernement : il s'agit avant tout des grandes circulaires du Premier ministre et du Secrétariat général du gouvernement à l'image de la célèbre circulaire Rocard du 25 mai 1988 (rédigée par le regretté Guy Carcassonne), des circulaires afférentes aux effectifs des cabinets ministériels[11], de la circulaire Juppé du 30 janvier 1997 (dite « petite circulaire rouge »)[12], des luxuriantes circulaires Fillon du 18 mai 2007, de la circulaire Philippe du 24 mai 2017 relative à la méthode de travail du gouvernement ou de la circulaire du SGG en date du 2 juillet 2024 portant définition de la notion d'« affaires courantes » pour un gouvernement démissionnaire.

Le droit de l'organisation gouvernementale est également régi par de petites sources intragouvernementales, c'est-à-dire par des « *interna acta*

---

8. Étant précisé que les comités interministériels n'ont pas de pouvoir de décision à proprement parler. Le Conseil d'État assimile les décisions arrêtées en comité interministériel à des décisions du Premier ministre (CE, Ass., 3 mars 1993, *Comité central d'entreprise de la SEITA*).

9. *Les Mesures d'ordre intérieur administratives*, *op. cit.*, p. 190.

10. Jean Massot, *Alternance et cohabitation sous la Ve République*, Paris, La Documentation française, 1997, p. 128.

11. Sur ce point, cf. notamment Matthieu Caron, « Une intrusion du chef de l'État dans le droit gouvernemental : le décret du 18 mai 2017 relatif à la réglementation des effectifs des cabinets ministériels », *Actualité juridique. Droit administratif*, n° 26, 2017, p. 1494-1499.

12. Cette circulaire a été pratiquement reprise *in extenso* dans le guide de légistique conjoint du Conseil d'État et du Secrétariat général du gouvernement, qui fait office de vade-mecum des procédures et du travail gouvernemental.

corporis »[13] dont le Premier ministre est régulièrement l'auteur. Ces actes intimes du gouvernement, « sorte de *shadow-legislation* », pour reprendre une formule de Paul Amselek[14], se caractérisent par leur faible degré de justiciabilité. Il s'agit essentiellement d'actes de gouvernement et de mesures d'ordre intérieur, mais également d'un certain nombre de documents internes relatifs à l'organisation gouvernementale tels que : le programme de travail gouvernemental (dit PTG) ; le « mémento du travail gouvernemental » publié par le SGG ; les « feuilles de route » ou « lettres » du PM ; les « notes internes du cabinet du Premier ministre » ; les circulaires du Secrétariat général du gouvernement (dites circulaires SG) ; les circulaires du Secrétariat général de la défense et de la sécurité nationale ; les lettres de cadrage ou de mission ; les « bleus ministériels » ou autres « documents de couleur » (verts, roses ou jaunes, c'est selon) ; enfin, certains documents relatifs à l'ordre intérieur gouvernemental qui étaient contenus jadis dans le bulletin officiel des services du Premier ministre, disparu en 2005.

En dernière analyse, le droit gouvernemental d'origine primo-ministérielle est constitué aussi, il est vrai, d'un ensemble de règles non écrites. Cette *lex imperfecta*, relativement présente en droit gouvernemental, regroupe à la fois les pratiques et les coutumes gouvernementales, de même que des conventions de la Constitution. Les *pratiques gouvernementales* constituent des usages répétés, acceptés par les acteurs mais pouvant être remis en cause facilement. S'agissant des pratiques primo-ministérielles, l'on songe ici à la pratique de la réunion ministérielle (dirigée par le PM, composée des ministres concernés et principalement employée en période de cohabitation), à la fameuse jurisprudence à éclipses dite Bérégovoy-Balladur (exigeant qu'un membre du gouvernement démissionne en cas de mise en examen par la justice), de même qu'à la « doctrine Jospin » (imposant le non-cumul des mandats locaux aux membres du gouvernement). Les *coutumes gouvernementales* ont un caractère obligatoire supérieur et sont plus difficiles à remettre en cause en raison de leur enracinement dans la tradition républicaine. Les Premiers ministres successifs ont été à l'origine de l'architecture et de l'organisation coutumières des différents gouvernements, des cabinets ministériels mais également du Secrétariat général du gouvernement. Pour finir, le droit gouvernemental a enfanté des *conventions de la Constitution*, qui peuvent être définies comme un engagement passé entre des institutions concurrentes « sur la manière dont les pouvoirs

13. Selon l'expression usitée par Rudolf von Gneist (*Gutachten für den vierten Deutschen Juristentag*, Berlin, Springer, 1863, p. 10).

14. « Le rôle de la pratique dans la formation du droit », *Revue du droit public*, n° 5, 1983, p. 1480.

juridiques attribués par la Constitution doivent être exercés[15] ». Six conventions principales, accordées puis intériorisées par les Premiers ministres successifs, méritent d'être rangées dans cette catégorie : la convention voulant que le président de la République détermine la politique de la nation, à rebours de la lettre de l'article 20 C ; la convention faisant que le chef de l'État dispose factuellement d'un pouvoir d'initiative de la loi, en contravention de l'article 39 C ; la convention autorisant le président à arrêter l'ordre du jour du conseil des ministres tandis que Matignon en prépare la programmation ; la convention l'obligeant à nommer au poste de Premier ministre, en période de cohabitation, le chef désigné par la nouvelle majorité parlementaire ; la convention consistant pour le Premier ministre à répondre de ses actes devant le président de la République et à lui rendre sa démission s'il la lui demande ; enfin, la convention laissant au chef de l'État le pouvoir d'auto-organiser et d'autocontrôler l'administration élyséenne. Charbonnier étant maître en sa loge, le PR s'immisce en retour avec parcimonie dans l'ordre intérieur du gouvernement, le PM demeurant autant la principale autorité normative que disciplinaire du droit gouvernemental.

Une autorité disciplinaire

Le caractère contraignant (sinon obligatoire) du droit gouvernemental repose, d'abord et avant tout, sur le pouvoir disciplinaire du Premier ministre, qui résulte pour l'essentiel des articles 21 et 22 de la Constitution, de la coutume gouvernementale et de la jurisprudence administrative. En effet, il résulte de la Constitution et de la coutume gouvernementale que le chef du gouvernement est le supérieur hiérarchique des autres membres du gouvernement *au sens politique* du terme. En revanche, à la lecture de la jurisprudence, il s'avère que le Premier ministre n'est pas le supérieur hiérarchique des autres ministres *au sens administratif* du mot.

Politiquement, sur le fondement des articles 20, 21, 37 et 39 C et de la coutume gouvernementale qui en découle, c'est sous l'autorité du Premier ministre que sont lancées les grandes impulsions de l'action gouvernementale. En concertation avec le président de la République en période de concordance des majorités ou en soliste lors des phases de discordance, le Premier ministre fixe *la feuille de route de l'action gouvernementale*, laquelle est matérialisée par un document interne au gouvernement, formalisé par

15. Pierre Avril, « Les conventions de la Constitution », *Revue française de droit constitutionnel*, n° 14, 1993, p. 333.

le SGG, en l'occurrence : le programme de travail gouvernemental. Ainsi le Premier ministre est-il à l'initiative de la plupart des décrets et des projets de loi qu'il demande à ses ministres de préparer. Identiquement, en matière budgétaire, l'article 38 de la loi organique relative aux lois de finances pose que c'est sous son autorité que « le ministre chargé des finances prépare les projets de loi de finances, qui sont délibérés en conseil des ministres ». Cette impulsion dans la préparation des projets de loi de finances intervient spécialement par le truchement des *lettres de cadrage* que le chef du gouvernement envoie à ses ministres chaque année dans le courant du mois de janvier.

En vertu des articles 21 et 37 C et de la coutume gouvernementale qui en résulte, le Premier ministre dispose également d'une autorité de coordination et d'organisation. Il discipline la coordination gouvernementale par le biais de ses administrations d'état-major (cabinet, SGG, Secrétariat général des affaires européennes ou de la défense et de la sécurité nationale, notamment) qui orchestrent en son nom le travail des différents départements ministériels. De même possède-t-il un pouvoir d'organisation des ministères puisque c'est à lui que revient la charge de prendre les décrets d'organisation des administrations centrales, conformément au décret du 15 juin 1987.

À l'appui des articles 20 et 21 C et de la coutume gouvernementale qui s'ensuit, le Premier ministre dispose *ex officio* d'une autorité décisionnelle. En tant que titulaire du pouvoir réglementaire de droit commun, il est d'abord chargé de prendre les décrets nécessaires à la mise en œuvre des lois. Il lui appartient ensuite de rendre les principales décisions en matière de définition et de détermination de la politique de la nation, à l'occasion des comités interministériels, des réunions ministérielles (formelles, informelles ou bilatérales) et des réunions interministérielles. Dans les faits, une majorité des décisions est rendue en son nom, par ses collaborateurs de cabinet, au moment des réunions interministérielles, dont les conclusions sont verbalisées dans un *bleu*. Seuls les arbitrages les plus délicats parviennent jusqu'au chef du gouvernement, soit à l'initiative des membres de son cabinet, soit à la demande d'un membre du gouvernement. Ajoutons que le Premier ministre joue de surcroît un rôle décisionnel central en matière budgétaire. D'une part, il lui revient d'envoyer à ses ministres des *lettres-plafonds* arbitrant et arrêtant en juillet le plafond des emplois et des crédits, par programme, des différents ministères. D'autre part, il fixe ultérieurement, au moyen d'un décret – dénommé *décret de répartition* –, la répartition définitive des crédits par programme. Enfin, le PM prend un certain nombre de décisions permettant, en cours d'exercice, l'exécution du budget au moyen notamment de décrets de virement, de transfert, d'avances, d'annulation de crédits ou d'attribution de produits. Au surplus, à la lecture de l'article 21 C et de la coutume gouvernementale qui en procède, le Premier ministre détient une autorité de délégation. Le deuxième alinéa de cet article l'autorise effectivement à « déléguer certains de ses pouvoirs aux ministres ».

Conformément à l'article 8, alinéa 2 C, à l'article 21 C et à la coutume gouvernementale qui en dérive, le Premier ministre dispose d'un pouvoir d'instruction et de sanction, ainsi qu'a pu le rappeler, s'il en était besoin, un arrêt du Conseil d'État[16]. Sur ce, il adresse des directives sous forme d'*instructions* et de *circulaires* à ses ministres et secrétaires d'État portant sur l'organisation, le travail ou la politique gouvernementale. Il confie à ses ministres la préparation des projets de texte, en particulier des projets de loi.

Il leur assigne toutes autres tâches, le plus souvent au moyen de lettres de mission. Il leur demande des comptes sur l'avancée des chantiers gouvernementaux dont ils ont la responsabilité. Du reste, si son pouvoir d'instruction apparaît purement politique, le fait qu'il puisse juridiquement proposer au chef de l'État de mettre fin aux fonctions d'un membre du gouvernement qui n'aurait pas suivi ses recommandations, en vertu de l'article 8, alinéa 2 C, lui permet d'exercer toute la plénitude de son pouvoir disciplinaire à l'encontre de l'équipe gouvernementale. En un sens, ce pouvoir disciplinaire est un pouvoir de police interne qui fonctionne sur le mode de l'instruction et de la sanction politiques. Non seulement les membres du gouvernement reçoivent des ordres oraux ou écrits du PM auxquels ils doivent obéir, mais ils suivent *moto proprio* les règles organisationnelles, fonctionnelles et procédurales posées par les Premiers ministres successifs et le Secrétariat général du gouvernement, la solidarité gouvernementale s'incarnant *in fine* dans le contreseing ministériel. À juste raison, chaque membre du gouvernement intériorise, tellement quellement, sa condition de subordonné politique vis-à-vis du Premier ministre. *Crimen maiestatis* : le chef du gouvernement procédant du chef de l'État, tout crime de lèse-Matignon équivaut à un crime de lèse-Élysée sanctionnable politiquement (rappel à l'ordre ou recadrage), sinon juridiquement (démission de l'intéressé).

Il reste que, d'un point de vue purement administratif, le Premier ministre n'est pas le supérieur hiérarchique des autres membres du gouvernement en ce que ses ministres jouissent de prérogatives propres, qu'il ne peut se substituer à eux pour exercer ces prérogatives et que ses propres instructions

---

16. CE, 26 décembre 2012, *Association Libérez les Mademoiselles !*.

ne sont valables que pour autant qu'elles ont reçu le contreseing du ministre concerné.

Primo, le chef du gouvernement n'a pas compétence pour prendre les décisions administratives concernant les administrations placées sous l'autorité d'un membre du gouvernement[17]. Le sommet de la hiérarchie administrative de l'État est constitué tout autant par le président de la République et le Premier ministre que par les membres du gouvernement, le PM ne possédant pas un pouvoir de décision concernant les affaires traitées par les ministres dans leur département ministériel.

Secundo, si le Premier ministre donne des impulsions, assure la coordination interministérielle et distribue des instructions, il ne peut, en l'absence de texte spécifique, se substituer aux ministres pour exercer leurs attributions ou réformer leurs décisions[18]. Pour le dire autrement, le chef du gouvernement ne peut pas préempter l'espace de ses ministres dès lors qu'une loi ou un acte réglementaire leur a confié une compétence pour agir dans un domaine particulier.

Tertio, les membres du gouvernement peuvent toujours lui refuser leur contreseing, et le ministre dont on aurait omis de solliciter le contreseing pourrait attaquer l'acte concerné par la voie du recours pour excès de pouvoir[19].

Cela étant, la logique institutionnelle de la Ve République donne au chef du gouvernement la haute main pour contraindre ses ministres à agir selon ses directives. Quand bien même le Premier ministre ne peut prendre de mesures à leur place, et quand bien même il ne peut mettre à sac leurs actes, il peut toujours leur demander d'agir dans tel ou tel sens ou exiger qu'ils retirent ou modifient tel ou tel texte. Car, sauf à obtenir le soutien du chef de l'État, aucun ministre n'a ni poudre ni plomb pour imposer ses vues au chef du gouvernement eu égard au pouvoir de révocation qu'il tire de l'article 8 C. Somme toute, si le Premier ministre voit son pouvoir d'ingérence limité par le droit administratif, le droit constitutionnel l'intronise *de facto* comme le supérieur hiérarchique des autres membres du gouvernement, ainsi qu'en atteste d'ailleurs le bien critiquable emploi par les différents PM, plus souvent qu'à leur tour, de l'expression « mes ministres ».

17. CE, 12 novembre 1965, *Compagnie marchande de Tunisie*.
18. CE, 19 mars 1969, *Caissel*.
19. CE, 25 janvier 1963, *Lemaresquier*.

*

La paille ne saurait dissimuler le grain : en droit gouvernemental, le Premier ministre demeure une simple autorité autonome et donc, par définition, non indépendante. Si le gouvernement, et le Premier ministre au premier chef, disposent d'une grande autonomie organisationnelle en vertu de la séparation des pouvoirs, ils ne sont maîtres de cette organisation que *pour autant et aussi longtemps* qu'un autre pouvoir public constitutionnel n'en décide pas autrement.

C'est dire que le droit gouvernemental, s'il est primitivement produit et discipliné par le Premier ministre, n'est pas exclusivement normé et contrôlé par le chef du gouvernement. Ses règles et ses sanctions sont également la résultante d'autres sources et institutions : la présidence de la République[20], le Parlement et les juges, lesquels hétérolimitent la latitude organisationnelle et opérationnelle du gouvernement et de son chef.

Fort d'un tel appareillage d'acteurs, de règles, de contraintes et de juges, le droit gouvernemental apparaît bien comme un droit institutionnel spécial qui, au confluent de la Constitution, prend sa source à Matignon (*locus regit actum*) pour irriguer le droit constitutionnel général.

20. Cf., par exemple, Matthieu Caron, « Une intrusion du chef de l'État dans le droit gouvernemental… », art. cité.

RÉSUMÉ

Le Premier ministre est la première autorité normative et disciplinaire du droit gouvernemental. D'une part, il est le régisseur en chef de l'ordre intérieur du gouvernement qu'il administre journellement au moyen de décrets, arrêtés, circulaires, interna acta corporis *(petits actes du quotidien) et règles non écrites reproduites dans le temps. D'autre part, il est le premier garant de la mise en œuvre du droit gouvernemental, dont il discipline l'action grâce à ses pouvoirs administratifs d'impulsion, de coordination ou d'organisation, et dont il peut sanctionner la non-application au titre de ses pouvoirs politiques d'instruction et de décision.*

Françoise Dreyfus

Directeur, ou directrice, de cabinet du Premier ministre

Alors que les cabinets ministériels ont été bien étudiés par la littérature scientifique[1], le directeur de cabinet de Matignon n'a, quant à lui, pas fait l'objet d'une attention particulière[2]. Et si les Premiers ministres n'ont pas rechigné à décrire l'enfer de Matignon[3], les témoignages de leurs directeurs ou des membres de leur cabinet sont peu nombreux[4], devoir de réserve oblige. Tandis qu'il est facile de brosser le portrait type des titulaires du poste, l'absence relative de traces disponibles – faute d'avoir mené l'enquête dans les archives pour reconstituer les emplois du temps des directeurs – conduit à manquer d'éléments factuels pour rendre compte de certains des multiples aspects d'une fonction ne bénéficiant d'aucune publicité.

La feuille de route de cet homme-orchestre implique qu'il soit doté de « qualités personnelles [...], diplomate dans l'âme, conseiller avisé, perspicace

1. Cf. en particulier *Revue française d'administration publique*, n° 168, *Sociographie des cabinets ministériels*, Paris, La Documentation française, 2018 ; Jean-Michel Eymeri-Douzans, Xavier Bioy et Stéphane Mouton (dir.), *Le Règne des entourages. Cabinets et conseillers de l'exécutif*, Paris, Presses de Sciences Po, 2015.

2. Xavier Magnon, « L'organisation particulière du secrétariat général de l'Élysée et du cabinet du Premier ministre », *ibid.*, p. 359-388 ; Sabrina Tricaud et Émilie Willaert, « Les cabinets de Georges Pompidou à Matignon et à l'Élysée », *Histoire@Politique*, n° 8, 2009, p. 86-97.

3. Raphaëlle Bacqué, *L'Enfer de Matignon*, Paris, Albin Michel, 2008.

4. Jean-Paul Huchon, *Jours tranquilles à Matignon*, Paris, Grasset, 1993 ; Olivier Schrameck, *Matignon, rive gauche (1997-2001)*, Paris, Seuil, 2001. Cf. aussi Thierry Pfister, *La Vie quotidienne à Matignon au temps de l'union de la gauche*, Paris, Hachette, 1985 ; Guy Carcassonne, « Ce que fait Matignon », *Pouvoirs*, n° 68, 1994, p. 31-44 (en accès libre sur Revue-Pouvoirs.fr) ; Thierry Weil, « La machine Matignon. Le fonctionnement du cabinet du Premier ministre », *Journal de l'école de Paris du management*, n° 45, 2004, p. 28-36.

et d'un calme à toute épreuve[5] », et de compétences professionnelles indiscutables lui permettant d'accomplir ses diverses missions. Il doit, en effet, tout d'abord organiser le travail de l'équipe qu'il dirige et veiller à son bon fonctionnement ; il lui incombe par ailleurs de coordonner l'action de l'ensemble des cabinets des membres du gouvernement et d'entretenir une relation équilibrée avec le secrétaire général de la présidence de la République, son homologue à l'Élysée. La confiance que lui accorde le Premier ministre, qui se traduit par les pouvoirs dont il bénéficie, est évidemment primordiale dans la mesure où elle conditionne son autorité tant à l'égard de l'équipe de Matignon que de l'ensemble de ses interlocuteurs – gouvernementaux, mais aussi médias, représentants de la société civile, syndicats, associations, diplomates étrangers. Par ailleurs, dans l'environnement politique concurrentiel au sein duquel se meut le chef du gouvernement quelle que soit la configuration institutionnelle, la capacité de son directeur de cabinet à éviter les chausse-trapes et à le protéger de ceux qui ne lui veulent pas nécessairement du bien s'avère précieuse.

Choisir le directeur de cabinet

La fonction de directeur de cabinet n'étant régie par aucun texte, le Premier ministre est normalement libre de choisir celui ou celle avec qui il travaillera en confiance. Ce qui n'empêche pas d'éventuelles manœuvres, pressions ou diktats de l'Élysée entendant imposer ses préférences[6] et, partant, manifester par cette forme de contrôle indirect sur Matignon la suprématie présidentielle au sein de l'exécutif. Quelle qu'ait pu être l'influence présidentielle ou la totale latitude du Premier ministre dans le choix final, l'analyse des caractéristiques des trente-huit hommes[7] et de la seule femme (au cabinet de Manuel Valls) qui, depuis 1958, ont été appelés chacun à diriger le cabinet de l'un des vingt-sept Premiers ministres[8] révèle, à une exception près[9], des profils analogues en termes de formation et de carrière au sein de la haute fonction publique. Vingt-huit énarques, six hauts fonctionnaires ayant accédé aux grands corps par les concours qui leur étaient propres,

5. Jacques Chirac, *Chaque pas doit être un but*, Paris, Nil, 2009, p. 325.

6. Le cabinet de Pierre Messmer, par exemple, a été en majorité composé par l'Élysée (Samy Cohen, *Les Conseillers du Président. De Charles de Gaulle à Valéry Giscard d'Estaing*, Paris, PUF, 1980, p. 136). Emmanuel Macron a tenté, sans succès, d'imposer à Édouard Philippe un directeur de cabinet de son choix.

7. L'un d'entre eux a dirigé le cabinet de deux Premiers ministres.

8. Michel Barnier étant le dernier de la liste.

9. Michel Delebarre, directeur de cabinet de Pierre Mauroy à partir de 1982, avait fait des études de géographie, mais sa carrière était politique.

mais aussi quatre diplômés de l'École nationale de la France d'outre-mer, qui ont tous effectué une carrière dans l'administration, et dont la plupart ont déjà servi dans plusieurs cabinets ministériels (en tant que conseillers ou directeurs) avant de diriger celui du Premier ministre. Huit membres du Conseil d'État, cinq de l'Inspection générale des finances, quatre de la Cour des comptes, quatre diplomates, huit préfets et huit administrateurs civils ont occupé jusqu'à présent cette position essentielle auprès des chefs du gouvernement qui, pour treize d'entre eux, étaient issus des grands corps de la fonction publique.

La permanence des caractéristiques présidant au choix du directeur du cabinet permet d'affirmer que la connaissance approfondie de l'administration, de son fonctionnement, de ses procédures, autrement dit sa compétence, est considérée comme l'atout maître pour piloter l'équipe de Matignon[10]. Dans les très rares cas où, comme celui de Raymond Barre, le Premier ministre n'a pas déjà été à la tête d'un ministère, n'a pas exercé de fonction élective et n'est pas rompu aux arcanes administratifs, le choix d'un professionnel peut sembler logique. Mais il est évident que d'autres éléments contribuent, de manière récurrente, à guider le choix en faveur de celui ou celle qui pilotera Matignon, qui saura trier les informations devant remonter jusqu'au Premier ministre, commander les notes aux conseillers et entretenir une bonne relation avec les administrations ministérielles. Outre une proximité idéologique, la préférence pour un directeur avec lequel le Premier ministre a déjà travaillé lorsqu'il exerçait une fonction ministérielle antérieure, ou qui est un camarade de promotion de l'ENA et/ou qui appartient au même corps administratif[11], indique clairement que cet entre-soi social est au principe de leur relation fondée sur la confiance de l'un et la loyauté de l'autre.

Le travail de coordination

Le cabinet du Premier ministre, comme celui des autres ministres[12], étant organisé de manière hiérarchique, le directeur a autorité sur

10. Les énarques constituent le vivier « naturel » où recruter les directeurs de cabinet des ministres. Cf. Igor Martinache, « "Le directeur de cabinet n'est pas le substitut du ministre." Entretien avec Christian Vigouroux », *Revue française d'administration publique*, n° 168, 2018, p. 900-901.

11. Trois Premiers ministres appartenant au corps diplomatique ont choisi leur directeur dans ce corps ; deux membres du Conseil d'État ont également appelé deux collègues pour diriger leur cabinet ; il en fut de même pour un membre de la Cour des comptes, ainsi que pour un diplômé de l'École nationale de la France d'outre-mer.

12. Cf. Françoise Dreyfus, « Une distribution des rôles fixée par l'usage », in *Le Règne des entourages*, *op. cit.*, p. 269-280.

l'ensemble des membres qui le composent. Sans entrer dans le détail des organigrammes fluctuant au cours du temps, rappelons la présence d'un directeur adjoint, d'un chef de cabinet tenant l'agenda du Premier ministre et assurant la gestion matérielle et logistique du cabinet, de nombre de conseillers dont ceux, chefs de pôle (selon la dénomination actuelle), qui sont chargés de « suivre » les secteurs ministériels inclus dans leur pôle et se voient affectés, en fonction de l'étendue de leur périmètre d'action, d'un nombre variable de conseillers et/ou de conseillers techniques ; enfin, un important dispositif est chargé de la communication du Premier ministre.

Il appartient toujours au directeur de cabinet de faire vivre en bonne intelligence ce « collectif de travail »[13], dont il a souvent recruté une partie des membres – soit, là encore, qu'il ait déjà travaillé avec eux dans un ou plusieurs cabinets ministériels, soit qu'ils appartiennent au même corps administratif ou aux mêmes réseaux de sociabilité –, de répartir les tâches de chacun, de coordonner en interne la diversité des formes d'action de Matignon, mais aussi de régler les différends qui peuvent survenir entre les conseillers.

La réunion plénière hebdomadaire du cabinet qu'il préside le lundi lui permet de faire le point sur l'actualité et la communication pendant la semaine. La gestion du temps étant impérative, les réunions qu'il tient, par ailleurs, avec les chefs de pôle portent sur les sujets à l'agenda des réunions interministérielles qui sont programmées dans la semaine et sur la position qui devra y être adoptée ; il ajuste les missions de tous en tenant compte du calendrier prévisionnel du travail gouvernemental ponctué, chaque semaine, par le conseil des ministres.

La coordination du travail gouvernemental constituant une tâche primordiale de Matignon, elle s'effectue notamment dans des réunions dont l'objet, le rythme et le calendrier, tout comme la liste des participants, sont fixés par le directeur de cabinet[14]. En raison de l'importance particulière de la relation avec les directeurs de cabinet des ministres, et bien qu'aucune règle ne l'impose, ce dernier préside chaque lundi une réunion les rassemblant tous. Assiste également à cette réunion, sous le gouvernement Barnier nommé en septembre 2024, le directeur de cabinet de la ministre chargée de la coordination gouvernementale, dont la fonction interroge

13. Jean-Michel Eymeri-Douzans, « Le ministre n'est plus une personne physique », *ibid.*, p. 553-598.

14. Cf. les cinq réunions du lundi matin *in* Olivier Schrameck, *Matignon, rive gauche*, *op. cit.*, p. 37.

tant elle est floue et grosse de rivalité potentielle avec le directeur de cabinet de Matignon[15]. C'est avec eux, et en présence du secrétaire général du gouvernement et de fonctionnaires de son service, que sont discutées les questions devant être examinées en réunions interministérielles et celles mises à l'ordre du jour du conseil des ministres qui se réunit normalement le mercredi. En effet, les politiques publiques, avant de se traduire dans des actions de terrain, s'incarnent dans des textes législatifs et réglementaires. Ceux-ci sont préparés par le ministère chargé des problèmes faisant l'objet du texte, et ils sont discutés au sein du gouvernement, en particulier dans des réunions interministérielles, qui ont pour but de recueillir l'accord de tous les ministères concernés[16]. Ces réunions auxquelles participent les représentants – membres de cabinet et/ou hauts fonctionnaires – des ministères sont présidées par le chef de pôle ou le conseiller du Premier ministre qui s'occupe du secteur ministériel en question ; quant au relevé de conclusions, il est rédigé par le chargé de mission auprès du secrétaire général du gouvernement qui « suit » lui aussi ce même secteur ministériel. L'ensemble de la procédure qui conduira un texte jusqu'au conseil des ministres, au Parlement – s'il s'agit d'une loi – et finalement à sa publication au *Journal officiel* s'effectue sous la houlette vigilante du Secrétariat général du gouvernement, organe rattaché à Matignon dont le rôle est essentiel pour le bon fonctionnement de la machine gouvernementale[17]. Les relations du directeur de cabinet du Premier ministre et du secrétaire général du gouvernement sont constantes, qu'il s'agisse d'élaborer le programme de travail gouvernemental pour les six mois à venir après la formation du gouvernement, de préparer l'ordre du jour du conseil des ministres, de faire procéder aux arbitrages par le Premier ministre (ou le directeur de cabinet) lorsqu'un texte n'a pas pu faire l'objet d'un accord en réunion interministérielle, de recueillir une opinion sur une question juridique, ou de choisir une solution à l'issue du passage pour avis des textes devant le Conseil d'État.

Dans la mesure où les neuf secrétaires généraux du gouvernement (huit hommes et, depuis 2020, une femme) qui se sont succédé sous la Ve République sont tous issus du Conseil d'État, ils partagent avec la

15. *Le Monde*, 29-30 septembre 2024.

16. Cf. Delphine Dulong, Pierre France et Julie Le Mazier, « À quoi riment les "RIM" ? Les réunions interministérielles ou l'ordinaire du travail gouvernemental », *Revue française d'administration publique*, n° 171, 2019, p. 697-712.

17. Cf. Jean-Michel Eymeri-Douzans et Michel Mangenot, « Rouage ou centre de l'État ? (II). Le Secrétariat général du gouvernement en actes », *Revue française d'administration publique*, n° 171, 2019, p. 629-650.

plupart des directeurs du cabinet une culture administrative et un langage communs, voire un certain esprit de corps, facilitant leur travail conjoint de coordination. Pour autant, si la fonction qu'exerce le secrétaire général du gouvernement est essentielle, elle est strictement technique, tandis que celle du directeur de cabinet est éminemment politique.

C'est évidemment un rôle de même nature politique que joue le secrétaire général de la présidence de la République, qui a autorité sur tous les membres du cabinet élyséen, lequel est structuré comme celui de Matignon. Les relations qu'entretiennent ces deux personnages, issus habituellement du même sérail, dépendent beaucoup de la configuration institutionnelle dans laquelle elles se déploient[18]. Que le président de la République entende décider sans tenir réellement compte de l'opinion du Premier ministre – comme ce fut le cas de Valéry Giscard d'Estaing avec Jacques Chirac – ou que les rapports au sein de l'exécutif soient plus équilibrés, voire inversés au profit du chef du gouvernement[19], le directeur de cabinet de Matignon échange nécessairement de manière très régulière avec le secrétaire général de l'Élysée. Nombre de sujets peuvent faire débat et doivent être discutés, mais leurs rencontres ne sont pas prévues formellement par un agenda. Olivier Schrameck, évoquant la cohabitation, a indiqué qu'il communiquait fréquemment, par téléphone, avec son homologue pour discuter des nominations aux emplois supérieurs, échanger des informations, ou traiter des démarches urgentes selon les instructions données par le chef de l'État et le Premier ministre ; en outre, ils déjeunaient assez régulièrement en tête à tête hors de leurs lieux de travail[20].

En revanche, l'hyperprésidentialisation du régime instituée pendant le quinquennat de Nicolas Sarkozy et l'extrême latitude d'action dont le président de la République a fait bénéficier son secrétaire général[21] ont conduit à « doubler » de fait le Premier ministre, dès lors placé sous la coupe de l'Élysée, et, en conséquence, à faire perdre une partie de son pouvoir à son directeur de cabinet. Il est significatif à cet égard que, lors de leur rendez-vous rituel, le secrétaire général du gouvernement et le secrétaire général de la présidence de la République traitent « de tous sujets

18. Cf. Françoise Dreyfus, « La géométrie variable des rapports de force entre les conseillers de l'Élysée, de Matignon et des ministres », in *Le Règne des entourages*, *op. cit.*, p. 619-635.

19. Voir, *supra*, Delphine Dulong, « Les relations entre l'Élysée et Matignon : un problème institutionnel de moins en moins personnel », p. 17-26.

20. *Matignon, rive gauche*, *op. cit.*, p. 98-99.

21. Cf. Vincent Martigny, « Le pouvoir dans l'ombre du Palais », *Pouvoirs*, n° 180, 2022, p. 37-45 (en accès libre sur Revue-Pouvoirs.fr).

concernant les relations entre Matignon et l'Élysée, autres que les sujets purement politiques[22] », alors que la validation de l'ordre du jour du conseil des ministres est l'objet de leur tête-à-tête.

La préparation de cet ordre du jour est effectuée par le directeur de cabinet du Premier ministre et le secrétaire général du gouvernement, qui se rend le lundi en fin d'après-midi à l'Élysée pour le faire valider par le secrétaire général de la présidence, voire par le chef de l'État lui-même, comme à l'époque de Jacques Chirac. De retour rue de Varenne, le secrétaire général du gouvernement « reboucle » le dossier avec le directeur de cabinet du Premier ministre[23]. Quant au compte rendu du conseil des ministres, il est établi par le secrétaire général du gouvernement, qui y assiste, tout comme le secrétaire général de la présidence, ce qui n'est pas le cas du directeur de cabinet de Matignon.

En revanche, celui-ci participe aux conseils restreints, notamment de défense, auxquels assiste aussi le secrétaire général du gouvernement, et préside nombre de réunions associant les conseillers chargés de la diplomatie et des affaires européennes. C'est également lui qui préside celles consacrées à la coordination des services de sécurité et de renseignement ; il bénéficie d'ailleurs d'une délégation de signature du Premier ministre, lui donnant le pouvoir d'autoriser, après avis de la Commission nationale de contrôle des techniques de renseignement, la mise en œuvre de ces techniques par les services qui en ont fait la demande.

Le fait que la coordination du travail du gouvernement s'effectue conformément à des procédures bien huilées ne doit pas masquer les incidents qui peuvent jalonner, au quotidien, la formalisation des politiques publiques : conflits et rivalités interministérielles, tentatives de court-circuiter Matignon en s'adressant directement à l'Élysée, rétention d'informations utiles... autant de pièges que le directeur de cabinet doit tenter de déjouer ou de neutraliser, pour préparer les arbitrages que le Premier ministre ou lui-même devront rendre, mais aussi pour empêcher, de manière plus générale, que d'aucuns n'empiètent sur les prérogatives du chef du gouvernement, par exemple en livrant à la presse quelques indiscrétions.

---

22. Jean-Michel Eymeri-Douzans et Michel Mangenot, « La plus britannique des administrations françaises : le Secrétariat général du gouvernement. Entretien avec Serge Lavignes », *Revue française d'administration publique*, n° 171, 2019, p. 749.

23. *Id.*, « Rouage ou centre de l'État ? (II), art. cité, p. 634.

Communiquer

Bien qu'au début de la Ve République la communication n'ait pas constitué en soi un sujet d'intérêt pour le Premier ministre, Michel Debré avait posé la règle : « Le Premier ministre est seul légitime à parler au nom du gouvernement[24]. » Principe respecté par la suite, quelles que soient l'appartenance politique du titulaire de la fonction et les conditions dans lesquelles il l'exerce.

Depuis la création en 1963 du Service de liaison interministériel pour l'information, rattaché à l'époque au ministère de l'Information, l'objectif initialement assigné à cet organe a été plusieurs fois modifié. En 1976 est créé le Service d'information et de diffusion, placé sous l'autorité du Premier ministre, dans le but de doter Matignon d'un instrument de coordination de la communication gouvernementale. Au fil du temps, des transformations du paysage audiovisuel et de l'importance croissante prise par la communication – enjeu de pouvoir pour chacun des membres du gouvernement –, le Service d'information et de diffusion (rebaptisé Service d'information du gouvernement en 1996) a été transformé pour en faire, à partir de 2000, une véritable agence de communication ; dorénavant chargé, entre autres, d'analyser « l'évolution de l'opinion publique », il lui appartient toujours de « programmer et coordonner les actions de communication relatives à l'action gouvernementale »[25].

Concomitamment à ces transformations, les ministres ont étoffé leurs cabinets en nommant, à côté de la « traditionnelle » attachée de presse, un ou plusieurs conseillers en communication, afin de renforcer leur capacité à faire connaître leurs actions et/ou à se faire connaître en tant qu'acteurs politiques soucieux de leur avenir, alors que la communication portant sur la politique du gouvernement relève, quant à elle, de la responsabilité du Premier ministre. Cela signifie normalement que Matignon soit informé des entretiens que veulent donner les ministres, et que le directeur de cabinet valide ces textes. Il s'agit d'éviter, autant que faire se peut, la cacophonie et les annonces intempestives, souvent erronées, livrées officieusement à la presse par des membres du gouvernement. Quelle que soit la dénomination choisie – ministre ou secrétaire d'État chargé du porte-parolat – pour informer régulièrement les médias de la politique gouvernementale, le directeur de cabinet de

24. Delphine Dulong, *Premier ministre*, Paris, CNRS Éditions, 2021, p. 167.
25. Article 2 du décret du 18 octobre 2000 relatif au service d'information du gouvernement, désormais modifié par un décret du 3 mai 2024.

Matignon, en tandem avec le conseiller chargé de la communication, est à la manœuvre : ce sont eux qui définissent les sujets devant être abordés et comment ils doivent l'être. Les rappels à l'ordre formulés, par exemple quand Pierre Mauroy ou Jean-Pierre Raffarin étaient à Matignon[26], pour faire appliquer ce principe à des ministres indisciplinés montrent les difficultés auxquelles se heurte la mise en œuvre de telles règles.

Mais l'importance du rôle du directeur de cabinet en la matière se mesure surtout au fait que c'est à lui qu'il revient de valider tous les discours préparés par la « plume » du Premier ministre, ainsi que tous les textes qui serviront à des entretiens, articles et prises de position du chef du gouvernement ; par ailleurs, c'est lui seul qui a autorité pour parler au quotidien aux médias, « même si ces déclarations restent presque toujours en off[27] ». Notons toutefois que toutes ces pratiques, loin d'être gravées dans le marbre, peuvent varier en fonction de différents paramètres : tout d'abord parce que communiquer apparaît comme un enjeu majeur dans la course à la notoriété et à la prééminence politiques, ensuite parce que la qualité des relations au sein de l'exécutif ne joue pas toujours en faveur de Matignon, enfin parce que l'utilisation massive des réseaux sociaux par tous les acteurs constitue désormais un véritable défi pour qui est censé contrôler la communication gouvernementale, le directeur de cabinet du Premier ministre en particulier.

En fait, celui-ci, en vertu de la délégation de pouvoir qui lui a été conférée, est appelé à décider et communiquer en lieu et place du chef du gouvernement, dans des circonstances diverses. Qu'il s'agisse de rendre des arbitrages sur un projet de loi ou de décret, faute d'accord trouvé dans les réunions interministérielles, de décider dans l'urgence de la conduite à tenir lorsque survient un événement grave et imprévu (comme un accident industriel ou un attentat), de recevoir les doléances ou des propositions d'élus ou de représentants de la société civile et d'émettre une opinion en réponse, ce que fait et dit le directeur de cabinet doit s'entendre comme énoncé par le Premier ministre. Il en va de même lorsque ce dernier est remplacé par son directeur de cabinet qui le représente et s'exprime en son nom dans diverses activités sociales, inaugurations, et cérémonies.

26. Delphine Dulong, *Premier ministre, op. cit.*, p. 146 et 189.

27. Jérémie Nollet, « Faire parler le Premier ministre. La fabrique des interviews dans un cabinet ministériel », *Politiques de communication*, n° 1, 2013, p. 107.

*

Ce bref aperçu de ce que font au quotidien les directeurs de cabinet du Premier ministre ne rend sans doute compte que d'une partie de leur activité, mais permet de comprendre que la fonction est harassante et qu'elle suppose de la part de son titulaire une certaine forme d'abnégation. En effet, en dépit de leurs importants pouvoirs, ils ne sont pas sur le devant de la scène politico-médiatique, ce qui certes les protège à certains égards mais ne les valorise pas. Leurs carrières après Matignon méritent d'être examinées, en particulier si on les compare à celles de nombreux conseillers ministériels ou présidentiels. Parmi les trente-huit directeurs de cabinet de Matignon depuis le début la Ve République, seuls cinq ont mené une carrière politique et sont devenus ministres assez rapidement après avoir quitté la rue de Varenne[28]. Alors qu'un tiers des membres des gouvernements qui se sont succédé de 1986 à 2012 ont accédé à un portefeuille ministériel à l'issue de leur(s) passage(s) en cabinet[29], sur la même période la proportion des directeurs de cabinet du Premier ministre à suivre cette voie excède à peine dix pour cent. À l'issue de leurs fonctions auprès des chefs de gouvernement, ces hommes et la seule femme appartenant tous à la haute fonction publique ont, dans leur quasi-totalité, rejoint leur corps d'origine où ils ont poursuivi leur carrière ou ont été nommés à d'autres postes de haut rang dans des grandes entreprises publiques, ou privées pour certains d'entre eux.

28. À savoir Xavier Ortoli et Michel Jobert (chez Georges Pompidou, de 1962 à 1966 et de 1977 à 1968), Michel Delebarre (chez Pierre Mauroy de 1982 à 1984), Bruno Le Maire (chez Dominique de Villepin de 2006 à 2007) et Aurélien Rousseau (chez Élisabeth Borne de 2022 à 2023).

29. Valentin Behr et Sébastien Michon, « Les cabinets sont-ils une pépinière de ministres ? », in *Le Règne des entourages*, *op. cit.*, p. 503-525.

RÉSUMÉ

Depuis 1958, les directeurs de cabinet du Premier ministre sont recrutés de manière récurrente au sein de la haute fonction publique ; cela signifie que, parmi la multiplicité de leurs tâches, la coordination du travail gouvernemental, qui implique connaissance des procédures et du milieu administratif, est la plus essentielle. Bénéficiant de la confiance du Premier ministre, il leur incombe de valider la communication des membres du gouvernement, de prendre de nombreuses décisions et de représenter en maintes occasions le chef du gouvernement, qui est assuré de leur loyauté.

Aurélie Bretonneau

LES SERVICES DU PREMIER MINISTRE

Il n'est pas anodin de prendre la plume pour brosser un portrait des services du Premier ministre au moment où, cinquante et un jours s'étant écoulés entre l'acceptation par le président de la République de la démission de Gabriel Attal, le 16 juillet 2024, et la nomination, le 5 septembre suivant, de son successeur, Michel Barnier, la France vient de battre le record de la plus longue période passée sans Premier ministre de plein exercice sous la Ve République[1]. Fruit du hasard, cette coïncidence chronologique n'est pas un mauvais terrain d'analyse : pour déroutante qu'elle soit, la période dite d'expédition des affaires courantes[2] s'avère particulièrement propice à faire le départ, parmi les nombreux satellites qui gravitent autour du Premier ministre, entre ceux qui ont le devoir de fonctionner, y compris sans lui, au nom de la permanence de l'État et ceux qui, bras armés du politique, ne peuvent rien produire sans son *imprimatur*.

Cette ligne de démarcation, qui traverse d'ailleurs certains des services du Premier ministre plus qu'elle ne les distingue entre eux, est toutefois loin d'épuiser la diversité de l'ensemble qu'il nous est donné de décrire. Née de la force gravitationnelle du Premier ministre, dont l'intensification sous la Ve République, par comparaison avec les précédents régimes, vaut presque l'ascension, plus souvent commentée, de l'astre présidentiel, la

1. Dépassant ce faisant le record de la IVe République, de trente-huit jours entre l'acceptation de la démission de René Mayer, le 21 mai 1953, et la nomination de Joseph Laniel, le 28 juin suivant.

2. Qui pour sa part s'est prolongée jusqu'à la nomination le 21 septembre 2024 d'un gouvernement complet. C'est également un record sous la Ve République, le précédent parfois invoqué de la motion de censure de 1962 n'en étant pas vraiment un, le gouvernement de l'époque ayant alors estimé, même si le Conseil d'État lui a ensuite donné tort, qu'il avait conservé la plénitude de ses pouvoirs, et agi en conséquence.

galaxie formée par les services du Premier ministre tient davantage de l'amas hétéroclite que du système organisé.

Une galaxie récente

Comme chacun sait, et la structure de ce numéro en témoigne, l'émergence des services du Premier ministre est allée de pair avec l'affirmation de l'institution qui a vu la Constitution de la Ve République l'inscrire, paré d'un nouvel intitulé significatif, à la tête du gouvernement et non plus seulement en son sein.

La Constitution du 27 octobre 1946 avait franchi un premier pas dans l'affirmation de la présidence du Conseil en mentionnant son existence pour la première fois de l'histoire de la République. Elle réservait toutefois au président du conseil des ministres (qu'il ne présidait même pas !) un rôle de coordination de l'action gouvernementale.

La Constitution du 4 octobre 1958 va plus loin[3]. Deux changements, en particulier, interviennent. D'abord – c'est l'effet de l'article 21 selon lequel « Le Premier ministre dirige l'action du gouvernement » –, il cesse d'être un *primus inter pares* et prend résolument l'ascendant sur les ministres dont il s'entoure[4]. Ensuite, il est à ce titre exclusivement chargé de ses missions de chef du gouvernement, cessant comme le faisaient les présidents du Conseil (à trois exceptions près : Viviani en 1914, Doumergue en 1934 et Blum en 1936) d'assumer en outre un portefeuille ministériel dont l'exercice, ainsi que le déplorait déjà Léon Blum dans ses *Lettres sur la réforme gouvernementale*, amputait d'autant sa mission de coordination et de direction[5].

Ces deux évolutions devaient conduire à le doter de troupes. L'enrichissement des missions en propre du président du Conseil exigeait qu'il soit assisté d'une administration capable de préparer son travail et d'exécuter ses instructions – ce d'autant plus nécessairement que, n'ayant pas d'autre portefeuille, il n'a plus de ministère classique sur lequel s'appuyer. L'officialisation constitutionnelle non plus seulement de son existence, mais de sa primauté sur les autres ministres désarmait les réticences observées

3. Cf. Guy Carcassonne, « Ce que fait Matignon », *Pouvoirs*, n° 68, 1994, p. 31-44 (en accès libre sur Revue-Pouvoirs.fr).

4. Voir, *supra*, Brigitte Gaïti, « Le Premier ministre, premier des ministres : retours sur l'interministérialité », p. 63-76.

5. Paris, Grasset, 1918, p. 29. À la notable exception de Raymond Barre, qui a cumulé d'août 1976 à mars 1978 les fonctions de Premier ministre et de ministre de l'Économie et des Finances ; relevons toutefois qu'il disposait d'un ministre délégué aux finances. Les autres occurrences de cumul, qui n'étaient que des intérims, et de courte durée qui plus est, ne sont pas comparables.

sous le régime précédent à voir la présidence du Conseil s'étoffer et lester en conséquence le poids relatif de son titulaire. Le fait que le Premier ministre dispose désormais de l'administration devait faciliter l'opération, l'article 20 de la nouvelle constitution mettant fin à ce que Jean Massot a décrit comme étant l'« un des symptômes les plus frappants de la paralysie de la présidence du Conseil tout au long de la IVe République », à savoir « son incapacité à se faire obéir de l'appareil administratif civil ou militaire »[6].

C'est donc à un changement d'échelle, sinon de nature, que l'on assiste lorsque aux services de la présidence du Conseil succèdent les services du Premier ministre le 9 janvier 1959 – date doublement symbolique de la formation du premier gouvernement de la Ve République et de l'entrée en vigueur de la Constitution du 4 octobre 1958.

L'idée de doter la tête (même lorsqu'elle n'en était pas encore une à part entière) du gouvernement d'une organisation administrative n'est certes pas une novation totale. Dès mars 1917, le président Ribot crée un « service administratif » que le président Painlevé augmente, en septembre, d'un « secrétariat général » bientôt placé sous la direction d'un sous-secrétariat d'État à la présidence du Conseil. Cette organisation vivotera jusqu'aux années 1930, avec deux interruptions notables, en 1924 puis de 1926 à 1929, avant que Gaston Doumergue, qui théorisait dans son « discours à la nation française » du 24 mars 1934 le lien entre une « présidence du Conseil bien organisée [...], dotée de services et d'un personnel », et une légitimité accrue du président du Conseil, ne fasse graver la structure dans le marbre de la législation budgétaire dont elle ne sortira plus, pas même pendant la guerre. En avril 1940, un « plan de réorganisation de la présidence du Conseil » se donnant pour ambition de « permettre au chef du gouvernement d'exercer la fonction de haute direction qui est la sienne » voyait lui aussi la panacée dans le renforcement de ses services avec ce diagnostic : « Ainsi constituée, la présidence du Conseil serait vraiment un superministère sans lequel les autres ne pourraient pas agir et un organe effectif d'action à la disposition du chef du gouvernement. »

L'acquisition et l'agrandissement en 1947 de l'hôtel de Montalivet, en face de l'hôtel de Matignon, où loge depuis 1936 le président du Conseil[7], pour y installer l'excédent de ses troupes traduisent physiquement l'expansion de ces dernières à la faveur de sa récente consécration constitutionnelle.

6. *Le Chef du gouvernement en France*, Paris, La Documentation française, 1979, p. 40.
7. En vertu d'une convention conclue avec l'Office des biens et intérêts privés approuvée le 12 novembre 1934.

Mais c'était sans commune mesure avec la poussée de croissance qu'a connue depuis la constellation de Matignon. Dans le rêve de Gaston Doumergue, les services de la présidence du Conseil comportaient, outre le secrétariat général, les services de la statistique générale, le secrétariat général du Conseil supérieur de la défense nationale et le Conseil national économique. Dans la loi de finances du 24 décembre 1934 dont l'article 23 lui donne corps, ils comprennent en plus le Conseil national de la main-d'œuvre. De nouveaux services techniques s'y greffent sous la IVe République : services d'Alsace-Lorraine du ravitaillement, Secrétariat général pour les questions de coopération économique européenne, Service des affaires algériennes ou Bureau d'investissement en Afrique.

Dans les premières années de la Ve République, les services du Premier ministre se structurent en trois cercles. À Matignon, un premier cercle rassemble, outre le cabinet du Premier ministre, le Secrétariat général du gouvernement, dans le giron duquel figurent les services administratifs et financiers. Hors de Matignon, mais rattachés au Secrétariat général, coexistent dans un deuxième cercle des structures aussi variées que la Direction générale de l'administration et de la fonction publique, le Centre interministériel de renseignements administratifs, la Direction de la documentation, le Service juridique et technique de l'information, le Service central technique des chiffres, la Délégation générale à la recherche scientifique et technique, la Délégation générale au district de la région de Paris, l'Administration provisoire des services de la France d'outre-mer. Un troisième cercle d'organismes plus autonomes, rassemble la Direction des journaux officiels, le Commissariat général au Plan et à la productivité, le Secrétariat général de la défense nationale, le Service de documentation extérieure et de contre-espionnage et le Groupement des contrôles radioélectriques. Au total, quelque quatre mille sept cents agents sont alors affectés aux services du Premier ministre, dont plus de deux cent cinquante pour le premier cercle, plus de quatre cents pour le deuxième et plus de quatre mille pour le troisième[8]. Gravitent encore dans l'orbite de cet ensemble quelques commissions et comités interministériels ; ainsi que deux grands établissements publics – le Commissariat à l'énergie atomique et le Centre national des études spatiales – rattachés budgétairement aux services du Premier ministre. Au 1er janvier 1997, les services du Premier ministre comptaient 4 869 personnes : 3 433 pour

8. Selon un décompte grossier effectué à partir des précieuses données recensées par Jean Colin, chargé d'étude au Secrétariat général du gouvernement (« Les services du Premier ministre », *Revue administrative*, n° 91, 1963, p. 15-24).

les organismes directement placés sous l'autorité du Premier ministre (70 %), 1 015 pour les organismes rattachés mais non placés sous son autorité (21 %) et 421 pour les organismes dont le seul lien au Premier ministre était de lui être budgétairement rattachés (9 %)[9].

Une galaxie en expansion

Aujourd'hui, à s'en tenir aux documents budgétaires, les services du Premier ministre, dont les moyens sont regroupés dans la mission « Direction de l'action du gouvernement », comptent environ quatre mille agents et disposent dans la loi de finances pour 2024 d'un budget de 1,02 milliard d'euros de crédits de paiement, dont 357 millions au titre de leur masse salariale. Cette mission se décompose en deux programmes : le programme 129, « Coordination du travail gouvernemental » (917 millions d'euros de crédits de paiement et 3 173 équivalents temps plein) et le programme 308, « Protection des libertés » (135 millions d'euros de crédits de paiement et 731 équivalents temps plein). Les services relevant du premier programme correspondent peu ou prou aux deux anciens premiers cercles : il s'agit des administrations chargées des fonctions d'état-major, de stratégie et de prospective, de coordination et de soutien. Ceux qui relèvent du second programme entretiennent avec le gouvernement des liens plus indirects, et pour cause : ce sont des autorités administratives indépendantes, auxquelles leur statut impose de s'émanciper de l'autorité gouvernementale, mais qui doivent, pour voir leur indépendance garantie, bénéficier des moyens matériels que seul Matignon peut fournir. Le programme 129 regroupe dix-huit structures ; le programme 308 en compte neuf. Entre les deux s'intercale une nébuleuse de délégués, comités, commissions et conseils interministériels que leurs textes institutifs rattachent, en les plaçant « auprès du Premier ministre », fonctionnellement à Matignon.

Par-delà le nombre, on est frappé de l'hétérogénéité des services du Premier ministre. S'y côtoient des structures de toutes tailles : le Secrétariat général de la défense et de la sécurité nationale (SGDSN), la Direction des services administratifs et financiers (DSAF) et la Direction de l'information légale et administrative (DILA) comptent chacun plus de trois cents agents ; l'Institut national du service public (INSP) et la Direction interministérielle du numérique (DINUM), entre cent cinquante et trois cents ; le Secrétariat général du gouvernement (SGG), le Secrétariat général des

9. Selon une note interne réalisée par la mission d'organisation des services du Premier ministre au moment de l'installation du gouvernement Jospin.

affaires européennes (SGAE) et France Stratégie, une centaine ; le Service d'information du gouvernement (SIG) et l'Institut des hautes études de défense nationale (IHEDN), entre cinquante et cent ; les autres sont de petits organismes de moins de cinquante agents – Secrétariat général pour l'investissement (SGPI), Secrétariat général de la mer (SGMer), Commission pour la restitution des biens et l'indemnisation des victimes de spoliations antisémites (CIVS), Mission interministérielle de lutte contre les drogues et les conduites addictives (MILDECA), Haut-commissariat au plan (HCP), Délégation interministérielle à l'encadrement supérieur de l'État (DIESE), Académie du renseignement –, voire des microstructures de moins de dix agents – Coordination nationale du renseignement et de la lutte contre le terrorisme (CNRLT), Délégation interministérielle au développement de la vallée de la Seine (DIDVS), Haut Conseil à l'égalité entre les femmes et les

hommes (HCE), mission permanente des Archives nationales. Cette diversité de volume se retrouve pour les autorités administratives indépendantes du programme 308, dont trois – Commission nationale de l'informatique et des libertés (CNIL), Défenseur des droits (DDD) et Autorité de régulation de la communication audiovisuelle et numérique (Arcom) – sont de taille importante (plus de deux cent cinquante agents), deux – Contrôleur général des lieux de privation de libertés (CGLPL) et Haute autorité pour la transparence de la vie publique (HATVP) – de taille intermédiaire (entre trente et soixante-quinze agents) et cinq – Commission nationale de contrôle des techniques de renseignement (CNCTR), Commission d'accès aux documents administratifs (CADA), Comité consultatif national d'éthique (CCNE), Commission nationale consultative des droits de l'homme (CNCDH), Commission du secret de la défense nationale (CSDN) – de taille réduite (moins de trente agents).

Ces composantes sont d'une grande diversité de nature : cinq secrétariats généraux (SGG, SGDSN, SGAE, SGPI, SGMer et SGPE – Secrétariat général pour la planification écologique) ; des directions et services chargés de politiques publiques interministérielles ou de services opérationnels (DINUM, SIG, DILA, ANSSI – Agence nationale de la sécurité des systèmes d'information –, GIC – Groupement interministériel de contrôle –, OSIIC – Opérateur des systèmes d'information interministériels classifiés –, Viginum – Service de vigilance et de protection contre les ingérences numériques étrangères), ou encore de missions de soutien (DSAF) ; un service de réflexion prospective doté de l'appui d'un réseau (France Stratégie) ; des délégations ou missions interministérielles (DIESE, MILDECA, DIDVS, DILCRAH – Délégation interministérielle à la lutte contre le racisme, l'antisémitisme et la haine anti-LGBT –, DIJOP – Délégation interministérielle aux Jeux olympiques et paralympiques –, DIJ

– Délégation interministérielle à la jeunesse –, CIH – Comité interministériel du handicap –, DIA-TND – Délégation interministérielle à la stratégie nationale pour les troubles du neuro-développement) ; des hauts conseils ou hauts-commissariats (notamment HCE, HCP et HCC – Haut Conseil pour le climat) ; ainsi que deux commissions d'indemnisation (CIVS et CIVEN – Comité d'indemnisation des victimes des essais nucléaires –, qui a le statut d'autorité administrative indépendante pour assurer sa mission).

Y coexistent une multitude de formules de rattachement à Matignon, parfois d'un grand raffinement : ainsi de la DINUM, rattachée par son décret de création au Secrétariat général du gouvernement pour sa gestion administrative et budgétaire[10], mais placée par les décrets d'attribution ministériels d'abord sous l'autorité du ministre de l'Action et des Comptes publics, qui sur cette période fut alternativement de plein exercice[11] ou rattaché au ministre chargé de l'économie, puis sous celle du ministre chargé de la fonction publique, qui, exception faite d'un court interstice pendant lequel il s'est confondu avec le Premier ministre[12], était un ministre de plein exercice, non rattaché à Matignon ; ainsi encore de délégués interministériels placés auprès du Premier ministre, mais également à la tête d'une délégation interministérielle qui, elle, ne l'est pas[13]. Une sophistication que complique la circonstance que certains de ces organismes se satellisent entre eux : la DSAF et la DILA évoluent dans l'orbite du SGG ; l'ANSSI, Viginum, le GIC et l'OSIIC font partie de la constellation du SGDSN.

On y trouve des organisations civiles et des structures militaires. Les créations éphémères (comme le Secrétariat général à la présidence française de l'Union européenne, créé en 2020 et logiquement supprimé en 2022) côtoient d'augustes institutions. Les jeunes pousses y fleurissent – l'INSP, l'Arcom, la DIESE[14], et surtout le SGPE, ont été créés en 2022.

---

10. Décret n° 2019-1088 du 25 octobre 2019 relatif au système d'information et de communication de l'État et à la direction interministérielle du numérique.

11. Gérald Darmanin, dans le gouvernement Philippe II.

12. Le décret du 11 janvier 2024 relatif à la composition du gouvernement Attal ne comportait pas de mention de l'attribution de la fonction publique à un ministre, ce qui devait s'interpréter comme faisant relever cette compétence du Premier ministre lui-même. Cette situation a pris fin avec la nomination, par un décret du 8 février 2024, d'un ministre de la Fonction et de la Transformation publiques.

13. Par exemple, le délégué interministériel à la transformation publique, que le décret n° 2017-1586 du 20 novembre 2017 place sous l'autorité directe du Premier ministre, mais qui, en vertu du décret n° 2015-1165 du 21 septembre 2015, dirige la Direction interministérielle de la transformation publique, placée sous l'autorité du ministre chargé de la réforme de l'État.

14. Qui certes « remplacent » de près ou de loin l'École nationale d'administration pour l'INSP, le Conseil supérieur de l'audiovisuel et la Hadopi pour l'Arcom, et la Délégation aux cadres dirigeants de l'État, qui n'était alors qu'une composante du SGG, pour la DIESE.

UNE GALAXIE IRRÉGULIÈRE[15]

Un tel foisonnement est rétif à la catégorisation. En 1979, il avait fallu toute la rigueur et la méthode de Jean Massot pour parvenir à le discipliner en quatre rubriques : « Matignon, Secrétariat général de l'exécutif », « Matignon, ministère d'administration générale », « Matignon, Agence pour le développement et les actions nouvelles », « Matignon, structure d'accueil pour organismes d'études »[16]. On doit pouvoir, au prix de quelques contorsions, continuer à ventiler les services selon ce classement astucieux. Dans le cadre de cet article dont le format ne se prête pas à une étude exhaustive, nous nous bornerons toutefois à risquer une distinction un brin plus rustique, mais qui nous semble parlante : on peut dire qu'il y a, parmi les services du Premier ministre, les services dont le Premier ministre a besoin pour exercer ses fonctions propres, et les services qui ont besoin d'un rattachement au Premier ministre pour exercer leurs propres fonctions.

Les services dont le Premier ministre a besoin d'avoir la maîtrise sont ceux qui exercent pour lui des fonctions d'état-major ou de soutien. Le SGG, surtout si on lui adjoint les directions qui lui sont rattachées, en est le plus ancien et le plus évident archétype[17]. Descendant direct du service administratif et du secrétariat général du début du XXe siècle, il reste exactement conforme à la vision de Gaston Doumergue, qui dans le discours évoqué *supra* souhaitait doter la présidence du Conseil « de services et d'un personnel sélectionné permanent et, surtout, peu nombreux, détaché des grandes administrations publiques ».

« Permanent », le SGG l'est à bien des titres. Dans son existence, puisque sa création précède de plusieurs décennies la consécration du Premier ministre, dont il est le principal partenaire administratif, et qu'il s'était auparavant si profondément imprimé dans l'organisation gouvernementale que tant le régime de Vichy que le Comité de libération nationale avaient éprouvé le besoin de nommer un secrétaire général. Dans ses incarnations, puisque les secrétaires généraux ont une longévité statistiquement supérieure à celle des gouvernements, dix secrétaires généraux[18], dont

15. En astronomie, il s'agit d'une galaxie qui, parce qu'elle ne montre aucune structure régulière ou discernable, est classée à part dans la classification de Hubble. L'irrégularité peut avoir pour cause une forte activité interne : ce serait une justification élégante à l'irrégularité de notre sujet d'observation.

16. *Le Chef du gouvernement en France*, *op. cit.*

17. Cf. Institut français des sciences administratives, *Le Secrétariat général du gouvernement*, Paris, Economica, 1996.

18. Roger Belin, Jean Donnedieu de Vabres, Jacques Larché (par intérim), Marceau Long, Jacques Fournier, Renaud Denoix de Saint Marc, Jean-Marc Sauvé, Serge Lasvignes, Marc Guillaume et Claire Landais.

un par intérim, ayant sous la Ve République servi vingt-sept Premiers ministres (sans parler d'André Ségalat qui, sous la IVe République, a vu passer vingt présidents du Conseil[19], ou de son successeur, Roger Belin, qui, pour n'en avoir connu que cinq, a pratiqué deux Républiques !). S'il est arrivé à deux reprises que le départ d'un secrétaire général coïncide avec un changement de gouvernement, les intéressés n'en avaient pas moins connu trois ou quatre Premiers ministres chacun... Dans ses missions et son mode de fonctionnement enfin, puisque, à la seule exception des sections consacrées aux relations avec l'Assemblée de l'Union française, le SGG actuel peut toujours suivre à la lettre le règlement intérieur des travaux du gouvernement adopté en conseil des ministres en 1947.

« Peu nombreux », les agents du SGG le sont toujours, même si le service a grandi depuis les années 1930. L'article 5 de la loi du 13 août 1936 prévoyait que les services administratifs de la présidence du Conseil comprennent des chargés de mission, dont l'un prendrait le titre de secrétaire général, dans la limite de vingt-cinq unités. Quarante-cinq ans plus tard, selon Marceau Long, les effectifs du SGG étaient de cinquante agents[20]. Quarante-cinq ans plus tard encore, ils ont à nouveau quasiment doublé. C'est à l'échelle du service une habitude inquiétante ! Rapporté à des services comparables, le SGG n'est toutefois toujours pas bien grand : avec un peu plus de quatre-vingt-dix agents, il correspond à une direction des affaires juridiques de taille moyenne, et ne pèse pas beaucoup plus lourd que le cabinet du Premier ministre, qui, fonctions supports incluses, tourne autour de soixante-dix agents. D'autant qu'il faut dire un mot de la répartition de ces effectifs. Dix-sept chargés de mission et adjoints[21] – épaulés par un conseiller juridique, lui-même chapeautant une petite équipe –, sous l'autorité d'un directeur et du secrétaire général, s'occupent principalement des questions d'expertise juridique : on n'est pas loin du noyau de 1936. Le gros des effectifs continue, comme dans les années qui ont suivi, à être affecté à l'éditorialisation du *Journal officiel* et aux relations avec les partenaires institutionnels du gouvernement

19. Paul Ramadier, Robert Schuman, André Marie, Robert Schuman à nouveau, Henri Queuille suivi de Georges Bidault, puis à nouveau Henri Queuille suivi de René Pleven, et ce deux fois de suite, Edgar Faure, Antoine Pinay, René Mayer, Joseph Laniel, Pierre Mendès France, Edgar Faure à nouveau, Guy Mollet, Maurice Bourgès-Maunoury, Félix Gaillard et Pierre Pfimlin.

20. *Les Services du Premier ministre. Conférences*, Aix-en-Provence, Presses universitaires d'Aix Marseille, 1981, p. 62.

21. Huit chargés de mission « thématiques », dont l'un porte le titre de « conseiller aux affaires économiques », sont dotés d'un adjoint. S'y ajoutent un chargé de mission sur les questions prioritaires de constitutionnalité et, quand l'activité le justifie, un chargé de mission polyvalent affecté aux affaires transversales et urgentes.

que sont le Parlement, le Conseil d'État et le Conseil constitutionnel[22], ainsi qu'au service de documentation, gardien des fiches de procédure, des « bleus » et de la doctrine interne, si nécessaire à une institution coutumière dont la conservation de la mémoire de l'État est l'une des principales missions. Le cabinet du secrétaire général et le secrétariat du conseil des ministres comptent une poignée de personnes. Les effectifs nouveaux ne correspondent qu'à des missions nouvelles : évaluation de l'impact des textes législatifs et réglementaires, pilotage de l'application des lois, représentation du gouvernement à la CADA et à la CNIL, contrôle et audit des services du Premier ministre, activité de haut fonctionnaire de défense et de sécurité et de délégué à la protection des données. Surtout, le SGG continue de travailler comme une petite équipe : réactivité et fiabilité obligent, le travail est toujours collégial, les chaînes hiérarchiques toujours courtes, la confiance collective totale, la complexité des circuits réduite au minimum.

Mais ce qui définit le plus le SGG, c'est son absence de définition[23]. Pas plus qu'en 1936 il n'est régi par un texte d'organisation[24]. Il ne s'agit pas d'un oubli, mais de sa feuille de route : il est là, selon la jolie formule de Marceau Long, pour « débrouiller » telles qu'elles se présentent les affaires du gouvernement[25].

Pour les services qui, à l'autre bout du spectre, sont là moins pour soutenir le Premier ministre que pour être soutenus par lui, c'est un peu l'inverse : leur feuille de route est claire, leur mission – la transformation publique, la lutte contre les drogues, la préparation des Jeux, etc. – précisément définie. Leur rattachement aux services du Premier ministre vient ensuite, pour des raisons matérielles mais surtout fonctionnelles : jouir d'une assise interministérielle, et d'une certaine autorité. Le SGPE en est un intéressant exemple : alors qu'il existait un ministère principalement chargé de la planification écologique, le rattachement de cette mission au Premier ministre[26] a servi

---

22. Voir, *supra*, Charles-Édouard Sénac, « Le Premier ministre et le Conseil constitutionnel : un jeu de l'amour et du hasard », p. 51-62.

23. Sur les missions, la méthode et, plus fondamentalement, l'identité du SGG, cf. tout particulièrement le cycle de conférences de Maurice Long (*Les Services du Premier ministre*, *op. cit.*) et les divers témoignages de titulaires de la fonction retranscrits dans *Revue française d'administration publique*, n° 171, *La coordination du travail gouvernemental*, Paris, La Documentation française, 2024.

24. Seul un service du SGG, le service de la législation et de la qualité du droit, dispose d'un arrêté d'organisation, dont les versions successives sont de plus en plus succinctes (cf. arrêté du 3 décembre 2019).

25. *Les Services du Premier ministre*, *op. cit.*, p. 62.

26. Élisabeth Borne fut la première à être chargée de la planification écologique, par le décret de composition de son gouvernement en date du 20 mai 2022 (l'expression ne figure pas dans son décret de nomination du 16 mai précédent).

d'assise à la nouvelle structure placée sous son autorité[27] et lui a conféré tout à la fois le surplomb interministériel nécessaire à l'élaboration de stratégies nationales pluridisciplinaires et l'aplomb primo-ministériel indispensable au contrôle de la mise en œuvre de ces stratégies par l'ensemble des ministères concernés.

*

En franchissant les portes de l'hôtel de Matignon, chaque nouveau Premier ministre trouve, comme tous ses prédécesseurs avant lui, une multitude de services rodés au fonctionnement gouvernemental, tous prêts à l'épauler ou à s'adosser à lui. Bien que ces services aient dans leurs grandes lignes traversé les gouvernements et pour certains les régimes, l'arrivée d'un Premier ministre, comme toutes les précédentes, n'en sera pas moins un nouveau départ pour eux. Car si les services du Premier ministre ont en commun quelque chose, c'est de ne pouvoir durablement fonctionner qu'alimentés par l'impulsion politique que leur donne le chef du gouvernement. Il n'est rien de plus vain, ni de plus dangereux, que les rouages qui tournent à vide.

27. Par le décret n° 2022-990 du 7 juillet 2022 relatif au Secrétariat général à la planification écologique.

RÉSUMÉ

Corollaires de l'affirmation de Matignon au fil des Républiques successives, les services du Premier ministre forment une galaxie disparate, complexe et en constante évolution. Entre les services dont le Premier ministre a besoin pour exercer ses fonctions propres et ceux qui ont besoin d'être rattachés au Premier ministre pour exercer leurs propres fonctions se lisent la richesse des missions et la puissance de l'assise institutionnelle du chef du gouvernement, disposant tout à la fois du surplomb d'un positionnement interministériel et de l'aplomb conféré par son statut primo-ministériel.

MARC OLIVIER BARUCH

APRÈS MATIGNON

C'est un tout petit club dont il s'agit : de vingt-cinq personnes, masculin à 92 % et dont les membres, nés entre 1907 et 1989, ont vécu des époques historiques et connu des parcours politiques trop hétérogènes pour qu'une approche statistique fasse sens. Mais, parce qu'entre la nomination de Michel Debré en janvier 1959 et la démission de Gabriel Attal en juillet 2024, soixante-cinq ans et demi se sont écoulés, on dispose de suffisamment de cas singuliers pour qu'une typologie en soit possible, notamment en ce qui concerne la vie après Matignon : tel est l'objet de cette contribution.

LA VIE APRÈS

Car il y a une vie après Matignon – si on met à part le cas tragique de Pierre Bérégovoy, qui se suicida un mois après avoir transmis ses pouvoirs à Édouard Balladur. Les souvenirs d'anciens Premiers ministres recueillis par Raphaëlle Bacqué[1] témoignent du choc ressenti par des acteurs passant en un jour d'une vie hyper-occupée, hyper-entourée, hyper-protégée, à une forme de désœuvrement : il leur faut acheter le journal, conduire leur voiture, parfois même faire les courses. Jusqu'à la fin du XXe siècle, le cumul des mandats leur permit de se replier sur leur fief municipal, que ce dernier soit suffisamment important pour les maintenir dans la lumière – qu'on pense à Bordeaux pour Jacques Chaban-Delmas, Lille pour Pierre Mauroy et bien sûr Paris pour Jacques Chirac – ou plus modeste : on imagine que ni le maire de Conflans-Sainte-Honorine en 1991 ni la maire de Châtellerault un an plus tard ne se sentaient donner la pleine mesure de leurs capacités. Mais, parce qu'ils sont – leur parcours le démontre – des grands fauves politiques, le naturel reprend rapidement le dessus, souvent après un

1. *L'Enfer de Matignon*, Paris, Albin Michel, 2008.

utile moment de décompression : tentation de Venise pour l'un, croisière en Méditerranée pour l'autre, promenade en famille à Chamonix pour un troisième, etc.

Qui dit typologie dit critères. Certains sont objectifs, arithmétiques même : l'« après-Matignon » sera plus long, toutes choses égales par ailleurs, pour qui est entré jeune rue de Varenne que pour celui qui y arrive après un long *cursus honorum*. En d'autres termes, Gabriel Attal voit vraisemblablement son avenir politique tout autrement que ne le faisait Maurice Couve de Murville en avril 1969, ou que ne le fera Michel Barnier une fois son bail expiré.

Objective également est la durée du Premier ministériat, des cinq mois de Bernard Cazeneuve début 2017 aux six ans et deux mois de Georges Pompidou au long des années 1960, autour d'une moyenne de deux ans et

demi et de deux baux remarquables par leur longévité : ceux de Raymond Barre et François Fillon, restés cinq ans Premiers ministres. La durée, donnée chiffrée, est toutefois hybridée par un facteur moins quantifiable, l'impression laissée dans l'opinion publique par le passage à l'hôtel de Matignon. On sait que les deux facteurs peuvent être déconnectés, comme en témoigne la trace laissée dans l'histoire par deux gouvernements brefs du XXe siècle : celui de Léon Blum entre juin 1936 et juin 1937 et, plus court encore, celui présidé par Pierre Mendès France de juin 1954 à février 1955.

Le choix du Premier ministre étant, dans nos institutions, dévolu au seul président de la République, l'« après-Matignon » dépend étroitement tant de l'immédiat « avant-Matignon » – en l'occurrence, les modalités de nomination – que du « pendant-Matignon », plus spécialement de l'évolution du rapport entre le président et « son » Premier ministre.

Les travaux consacrés à la nomination du Premier ministre sous la Ve République insistent souvent sur le type de personnalité choisie – politique *vs* technicien – et sur la nature du choix fait par le président, choix de cœur *vs* choix de raison. Mais, là aussi, cette double dichotomie apparaît insuffisante si elle ne prend pas en compte l'évolution dans le temps des rapports entre les détenteurs des deux positions. Tout un éventail existe entre fidélité et rivalité, cette dernière étant évidemment la norme en période de cohabitation – étant encore précisé que ce dernier terme doit être compris comme recouvrant non seulement les trois cohabitations franches de 1986-1988, 1993-1995 et 1997-2002, mais aussi celles, à peine plus feutrées, vécues par les tandems Pompidou/Chaban-Delmas de 1969-1972, Giscard d'Estaing/Chirac de 1974-1976 et Mitterrand/Rocard de 1988-1991.

Calife à la place du calife

Cela posé, inutile de tourner autour du pot. « Devenir calife à la place du calife », en parcourant les quelque deux kilomètres qui séparent le 57, rue de Varenne du 55, rue du Faubourg-Saint-Honoré, est ou devient l'objectif majeur de tous les occupants de l'hôtel de Matignon. Comptons cinq ou six d'entre eux qui, pour des raisons diverses, n'ont pas imaginé concourir : Maurice Couve de Murville et Pierre Mauroy parmi ceux qui ne sont plus de ce monde ; Édith Cresson, Jean-Pierre Raffarin, Jean-Marc Ayrault et Jean Castex parmi les autres – même si la prévision devient alors aléatoire, les carrières politiques se révélant de plus en plus longues et de plus en plus imprévisibles.

Reste donc une vingtaine de personnes qui, étant ou ayant été Premiers ministres, ont estimé avoir les capacités de mener campagne, de se faire élire, d'exercer la fonction de président de la République française. Seuls deux y sont parvenus : l'un d'emblée, Georges Pompidou en 1969, l'autre à l'issue de sa troisième candidature, Jacques Chirac en 1995. Encore ce dernier, en 1988, avait-il dû souffrir de sa défaite – et la souffrance fut intense, rapportèrent les échotiers – lorsque, Premier ministre sortant, il affronta le président de la République lui aussi sortant, François Mitterrand.

Il inaugura ainsi une forme de théorème politique, connu sous le nom de « malédiction de Matignon », selon lequel aucun Premier ministre en fonction ne parvient à remporter l'élection présidentielle. L'expérience de 1988 se répéta en 1995 pour Édouard Balladur, devancé au premier tour par Jacques Chirac, et en 2002 par Lionel Jospin, qui dut en outre subir l'affront d'être éliminé dès le premier tour en n'arrivant que troisième derrière Jacques Chirac, président sortant, et Jean-Marie Le Pen, à une époque où la présence de l'extrême droite au second tour d'une élection présidentielle était perçue assurément comme une menace et, pour beaucoup, également comme une offense à la démocratie. On en déduisit que la cohabitation ne jouait pas en faveur du Premier ministre, sur lequel retombait l'impopularité de la gestion du quotidien, alors que la position de surplomb obligé du président affaibli lui permettait de reconstruire sa légitimité, à partir de la fonction originale de premier opposant de l'intérieur.

Aussi, lorsque François Hollande renonça le 1er décembre 2016 à briguer un second mandat, Manuel Valls crut-il pouvoir exorciser la malédiction en quittant cinq jours plus tard ses fonctions de Premier ministre, laissant pour quelques mois les clés de Matignon à Bernard Cazeneuve. Las ! le nouveau dispositif d'élections primaires, inventé par les partis pour désigner leur héraut en l'absence de candidature s'imposant d'évidence, lui fut fatal, comme il le fut la même année pour un autre ancien Premier ministre, Alain Juppé.

En ne prenant en compte ni l'élection de 2022 ni, par définition, celle de 2027 pour laquelle on n'en est encore qu'aux prémices du bal des prétendants, restent en lice huit hommes politiques d'envergure, ayant tous marqué, à des postes et des moments divers, la vie politique de la Ve République : ce sont, par ordre chronologique, Michel Debré, Jacques Chaban-Delmas, Pierre Messmer, Raymond Barre, Laurent Fabius, Michel Rocard, Dominique de Villepin, François Fillon. Aucun n'a été président de la République, mais tous ont été considérés, par eux-mêmes à coup sûr mais aussi par d'autres (président en exercice, chef de parti, opinion publique, etc.), comme disposant des qualités qui permettent de le devenir.

Quatre d'entre eux n'ont même pas été jusqu'à déposer leur candidature.

Le cas de Pierre Messmer est très spécifique, lui qui, dans les jours troublés qui suivirent la mort de Georges Pompidou, début avril 1974, ne fit rien de moins que le don de sa personne – sans employer l'expression bien sûr – pour que la majorité sortante ne présente qu'un candidat, ajoutant qu'il se réjouirait « si un autre [était] mieux placé que [lui] pour rassembler tous ceux qui pensent d'abord à la France ». En effet, ajoutait-il : « Je ne suis animé d'aucune ambition personnelle ; je fais mon devoir. » Si Edgar Faure – lui aussi ancien occupant de l'hôtel de Matignon, mais en d'autres temps – retira d'emblée une candidature qu'il savait de pur témoignage, Jacques Chaban-Delmas refusa de faire de même, son refus entraînant le maintien dans la course de Valéry Giscard d'Estaing.

Plus récentes, les trois autres situations sont mieux connues. Michel Rocard se heurta à l'hostilité active de François Mitterrand, qui œuvra pour le lester d'une défaite aux élections européennes de 1994. Laurent Fabius, durablement et injustement marqué aux yeux de l'opinion par l'affaire du sang contaminé – sans compter les intrigues, byzantines ou florentines, que génère si bien le sérail du Parti socialiste –, ne put être candidat en 1995. Enfin, bien qu'enfant chéri de Jacques Chirac qui eût aimé le voir lui succéder en 2007, Dominique de Villepin vit son honnêteté entachée par les péripéties peu ragoûtantes de l'affaire Clearstream et dut laisser le champ libre à son ennemi Nicolas Sarkozy, qui fut élu.

Le sort des quatre anciens Premiers ministres qui furent effectivement candidats à la présidence de la République – outre ceux déjà évoqués – est hétérogène. Aucun d'entre eux n'atteignit le second tour du scrutin, mais leurs scores de premier tour furent contrastés : trois d'entre eux arrivèrent troisièmes au soir du premier tour, avec des chiffres décevants pour Jacques Chaban-Delmas en 1974 (15,1 %) et Raymond Barre en 1988 (16,5 %), alors que les 20 % de suffrages exprimés obtenus par François Fillon en 2017 apparaissaient comme une performance compte tenu des révélations en cascade qui démontrèrent, tout au long de la campagne, la probité à éclipses du candidat. En revanche, Michel Debré connut en 1981, face à la candidature de Jacques Chirac appuyée par la machine du RPR, une défaite en forme de déroute : malgré l'appui de nombreux caciques gaullistes – dont deux anciens Premiers ministres, Jacques Chaban-Delmas et Pierre Messmer –, il termina huitième sur dix, derrière Arlette Laguiller et Brice Lalonde, avec le score humiliant de 1,7 %.

Et sinon...

Alors, que faire lorsqu'on ne devient pas président de la République – ce qui est malgré tout le cas le plus fréquent ? Car il faut faire quelque chose : comme l'indiqua Dominique de Villepin dans ses entretiens avec Raphaëlle Bacqué, un ancien Premier ministre touche son traitement pendant les six mois qui suivent sa sortie de fonctions (s'il ne dispose pas d'un autre traitement ou salaire), puis il lui faut gagner sa vie.

S'ils n'ont pas atteint l'âge de la retraite, ceux qui ont le statut de fonctionnaires – presque tous, souvent dans les grands corps de l'État ou, en moindre part, dans l'enseignement – peuvent réintégrer leur corps d'origine. Ce fut le cas de Michel Rocard, qui redevint inspecteur général des finances le 15 novembre 1991, six mois après son départ forcé de Matignon, comme l'avait fait Jacques Chaban-Delmas dix-neuf ans plus tôt. Notons toutefois que ces dispositions, qui ne sont en rien une faveur mais découlent strictement du statut général des fonctionnaires, sont de moins en moins tolérées par l'opinion publique. Il est fréquent de nos jours – c'est le cas de Bruno Le Maire, Valérie Pécresse ou encore Laurent Wauquiez – que les responsables politiques démissionnent de la fonction publique. Dominique de Villepin s'était montré précurseur en 2007 : ne se voyant pas en ministre plénipotentiaire après avoir été ministre et Premier ministre de la République – *a fortiori* nommé et soumis à Nicolas Sarkozy –, il quitta l'administration des Affaires étrangères pour devenir avocat, profitant des dispositions réglementaires (dites passerelles) prises en 1991 et affinées en 2012-2013 qui ouvraient grandes les portes de la profession d'avocat aux femmes et hommes politiques, à commencer par les anciens ministres.

S'il est relativement fréquent qu'un homme politique soit avocat, le cheminement était d'habitude inverse. Me François Mitterrand, Me Edgar Faure, Me Pierre Mendès France ou encore Me Roland Dumas étaient inscrits au barreau avant d'entrer en politique. De tout temps, le carnet d'adresses d'un avocat actif en politique était apprécié ; il est en outre, aujourd'hui, extrêmement rémunérateur. Certes, les Premiers ministres devenus avocats (Dominique de Villepin déjà cité, ou Bernard Cazeneuve) ne plaident guère au pénal pour défendre la veuve et l'orphelin, leur activité se rapprochant plutôt du lobbyisme – autre secteur offrant de belles opportunités, dont savent par exemple profiter Jean-Pierre Raffarin, homme lige et VRP de luxe de la Chine, comme François Fillon, présent dans plusieurs conseils d'administration russes.

Cette tentation de l'argent est sans doute quelque chose de nouveau. Car longtemps avait prévalu la maxime énoncée par Gaston Defferre après sa contre-performance au premier tour de l'élection présidentielle de juin 1969, quand le tandem qu'il formait avec Pierre Mendès France ne recueillit que 5 % des voix : « Pour un homme politique, la vraie défaite n'est pas d'être battu, mais de cesser de se battre. » Seul en effet Lionel Jospin, ulcéré par sa place de troisième au soir du 21 avril 2002, annonça se retirer de la vie politique – ce qu'il fit, ne se présentant plus après cette date à la moindre élection. Situation exceptionnelle tant la plupart de ceux que nous examinons ici ont la politique dans le sang. Même un ancien président de la République comme Valéry Giscard d'Estaing n'hésita pas à repartir de zéro en sollicitant, dix mois seulement après sa défaite face à François Mitterrand, les suffrages des électeurs du canton de Chamalières, avant de rejoindre en septembre 1984 l'Assemblée nationale à la faveur d'une élection législative partielle.

Aussi longtemps que le cumul des mandats fut la règle, les anciens Premiers ministres étaient bien placés pour tenir un rôle de premier plan dans leur région d'origine. Le champion toutes catégories en fut sans conteste le « duc d'Aquitaine » Jacques Chaban-Delmas, maire de Bordeaux sans interruption de 1947 à 1995, député de la Gironde de 1946 à 1969 puis de 1973 à 1997, mais aussi président de la région Aquitaine de 1974 à 1979 puis de 1985 à 1988, tout en s'offrant le luxe de retrouver son poste de président de l'Assemblée nationale, quatrième personnage de l'État donc, de 1978 à 1981 puis de 1986 à 1988. À l'autre bord de l'échiquier politique et du pays, Pierre Mauroy, qui cumula jusqu'à un âge avancé mairie de Lille et représentation parlementaire du département du Nord comme député de 1986 à 1992, puis comme sénateur de 1992 à 2011, ne dételant qu'à l'âge de 83 ans, deux ans avant sa mort.

Et que dire de Michel Debré, député de La Réunion – où il fut parachuté après son échec aux législatives de l'année précédente dans son département d'Indre-et-Loire – de 1963 à 1988, tout en exerçant la fonction de maire d'Amboise de 1966 à 1989 ? Ou de Maurice Couve de Murville, député de 1973 à 1986, puis sénateur de 1986 à 1995 – il avait alors 88 ans – de Paris, dont il représenta le très chic VIIIe arrondissement dans la majorité parisienne de Jacques Chirac de 1977 à 1989 ? Et encore de Raymond Barre, député du Rhône entre 1981 et 2002 et maire de Lyon de 1995 à 2001, comme de Pierre Messmer, député de la Moselle de 1974 à 1988 en même temps que maire de la petite ville de Sarrebourg jusqu'en 1989 ?

Si le Parlement français ne manquait pas d'anciens Premiers ministres, ce n'est pas pour autant qu'il les laissait y jouer les premiers rôles. Édouard Balladur et Jean-Pierre Raffarin en firent l'amère expérience, ne réussissant pas à accéder à la présidence de l'Assemblée nationale pour le premier (en 2002), à la présidence du Sénat pour le second (par deux fois, en 2008 et en 2014). Seul Laurent Fabius, surdoué de l'agilité politique, put suivre les traces de Jacques Chaban-Delmas en occupant l'hôtel de Lassay pendant trois ans, de 1997 à 2000. Il quitta alors le perchoir pour devenir ministre des Finances du gouvernement Jospin.

Devenir ministre lorsqu'on a été Premier ministre est effectivement une configuration possible – même si elle est par nature plus rare aujourd'hui que sous la IVe République, où elle était monnaie courante. Le général de Gaulle lui-même y recourut d'emblée, en choisissant Antoine Pinay, figure populaire et rassurante, comme ministre des Finances de son gouvernement de juin 1958, puis de celui composé par Michel Debré en janvier 1959. Le président du Conseil de 1952 à 1953 ne tarda pas à s'apercevoir que les temps – et la Constitution – avaient changé. Irrité que Pinay prît la parole en conseil des ministres sur des sujets qui ne relevaient pas de la rue de Rivoli (« Monsieur le ministre des Finances s'intéresse aux questions de politique étrangère ? »), de Gaulle mit fin à ses fonctions le 13 janvier 1960, lorsque Pinay s'opposa à la fois, au nom de l'ultralibéralisme, au ministre de l'Industrie Jeanneney et au ministre de la Justice Michelet, accusés l'un d'engager l'économie française sur la voie de l'étatisme, l'autre de « bolcheviser » le droit des sociétés en introduisant un zeste de cogestion dans le fonctionnement des entreprises. Les deux autres présidents du Conseil de la IVe République qui eurent à siéger dans les conseils des ministres de la Ve, Edgar Faure, ministre de 1966 à 1969 puis de 1972 à 1973, et René Pleven, garde des Sceaux de 1969 à 1973, en déduisirent que les éminentes fonctions qu'ils avaient précédemment occupées leur valaient peut-être une forme de déférence protocolaire, mais rien de plus.

Il en alla un peu différemment pour Michel Debré lorsqu'il devint en janvier 1966 ministre des Finances : la fonction de coordination de la politique économique qu'il exigea, et obtint, conduisit alors la presse à voir en lui une sorte de « Second ministre » – position dont il n'abusa pas, compte tenu de son sens aigu de l'État. Aussi, après avoir passé un an au Quai d'Orsay lorsque Maurice Couve de Murville occupait Matignon, Michel Debré fut-il nommé par Georges Pompidou ministre d'État chargé de la Défense nationale, poste qu'il détint jusqu'au décès du président. Voir un ex-Premier ministre s'installer rue Saint-Dominique a failli se reproduire cinquante-cinq ans plus tard, Emmanuel Macron ayant proposé en janvier 2024 à Élisabeth Borne de devenir ministre des Armées sous l'autorité de Gabriel Attal. Elle refusa, confirmant ainsi le sentiment diffus qu'un délai de viduité minimal s'impose à un Premier ministre sortant avant qu'il puisse sans déchoir accepter de redevenir ministre. Ce délai fut particulièrement bref pour Jean-Marc Ayrault, que François Hollande nomma au Quai d'Orsay – où il succéda à un autre ancien Premier ministre, Laurent Fabius – moins de deux ans après l'avoir écarté de l'hôtel de Matignon.

Faire de la politique peut aussi consister à accéder aux responsabilités suprêmes dans un parti. Jamais à court de péripéties, le Parti socialiste vit ainsi trois anciens Premiers ministres se succéder au poste de premier secrétaire à partir de 1988, sur fond de rapport de force vis-à-vis de François Mitterrand : Pierre Mauroy jusqu'en 1992, Laurent Fabius de 1992 à 1993, puis Michel Rocard jusqu'à sa déroute aux élections européennes de 1994. De même à droite, où Jacques Chirac inventa le RPR en 1976 puis plaça Alain Juppé à la tête de l'UMP en 2002. Plus récemment, tant Élisabeth Borne que son successeur Gabriel Attal ont entamé d'assez dérisoires grandes manœuvres visant à prendre le contrôle du parti macroniste Renaissance.

Enfin on a vu, comme par un étrange phénomène de vases communicants, d'anciens Premiers ministres devenir membres du Conseil constitutionnel – et même le présider, comme Laurent Fabius pour un mandat de neuf ans ayant commencé en 2016 –, au moment même où les anciens présidents de la République renonçaient à leur statut de membres de droit. Tout se passe donc comme si Lionel Jospin de 2015 à 2019 et Alain Juppé depuis cette date y remplissaient symboliquement le rôle que la Constitution réservait à Nicolas Sarkozy et François Hollande.

Le pré carré

Quoi qu'il en soit, c'est encore et toujours la politique franco-française qui reste le terrain de jeu favori des anciens locataires de Matignon. À l'exception de Pierre Mauroy, qui présida de 1992 à 1999 l'Internationale socialiste, fonction dans laquelle il succéda à Willy Brandt, on ne trouve pas d'ancien Premier ministre français à une position de premier plan dans une instance internationale, que ce soit aux Nations unies ou à l'OTAN, ni même au sein de l'Union européenne – avec un léger bémol : la nomination par Nicolas Sarkozy, en 2009, de Michel Rocard comme ambassadeur chargé des négociations internationales sur les pôles, sujet fondamental à long terme.

Le même Michel Rocard avait pris au sérieux son mandat de membre du Parlement européen, dont il présida successivement les commissions du développement (1997-1999), des affaires sociales (1999-2002), de la culture enfin (2002-2004). En revanche, le passage d'Édith Cresson comme commissaire européenne à la recherche, entre 1995 et 1999, fut une catastrophe : lorsqu'on apprit qu'elle avait procuré pendant trois ans un emploi fictif à un de ses amis, l'ensemble de la Commission présidée par le Luxembourgeois Jacques Santer dut démissionner ; l'affaire se conclut pénalement en 2006 par la condamnation, par la Cour de justice de l'Union européenne, des agissements de l'ancienne Première ministre ; celle-ci fut cependant exemptée de sanctions, l'avocat général estimant que « madame Cresson a[vait] déjà subi une atteinte importante à sa réputation du fait de la couverture médiatique de cette affaire ».

Les reconversions réussies sont donc rares. La Fondation pour les écoles de la deuxième chance, dans laquelle s'est investie Édith Cresson depuis le début des années 2000, n'a guère fait parler d'elle, tandis que la tentative de Manuel Valls de prendre à l'abordage la mairie de Barcelone, en 2019, ne fut pas un succès. Seul Jean Castex, à la tête de la RATP, semble réussir et prendre plaisir à faire autre chose que de la politique.

En revanche, s'il est un monde que les hauts politiques français continuent d'ignorer, c'est bien celui du savoir académique – alors que c'est un honneur, dans la tradition britannique, de présider au destin d'une université. La liste des chanceliers d'Oxford, qui remonte au XIIIe siècle, compte un nombre impressionnant d'anciens Premiers ministres de Sa Majesté, du duc de Wellington à Harold Macmillan, qui occupa le poste pendant vingt-trois ans. On vit même un ancien vice-Premier ministre, le conservateur Rab Butler, exercer une fonction non honorifique à Cambridge comme président (*master*) de l'un de ses plus anciens et fameux *colleges*, Trinity. Et, aux États-Unis, le général Eisenhower était président de la prestigieuse université new-yorkaise Columbia quand le Parti républicain en fit son candidat à l'élection présidentielle de 1952. L'équivalent en France, bien des étages en dessous, est à rechercher du côté des hommes politiques – forcément de droite – que cooptèrent ces institutions ultraconservatrices que sont l'Académie des sciences morales et politiques (Raymond Barre, Pierre Messmer) et, plus prestigieuse, l'Académie française, qui accueillit Michel Debré et Pierre Messmer – ce dernier y faisant, jusqu'à l'âge de 90 ans, la preuve de ses qualités d'administrateur en tant que chancelier de l'Institut.

Que conclure, sinon que l'après-Matignon d'un Georges Pompidou ou d'un Michel Debré a, comme on pouvait s'y attendre, bien peu à voir avec celui d'un Manuel Valls ou d'une Édith Cresson ? Tant d'éléments ont en effet évolué, depuis 1959, dans la nature même des fonctions de président de la République et de Premier ministre comme dans les relations, forcément complexes, entre ces deux autorités[2] qu'on chercherait en vain des points communs dans les cheminements des vingt-cinq personnes dont nous avons brièvement tracé le parcours. À une exception près toutefois : la longévité hors normes, dans notre pays, des carrières politiques. Serait-ce parce qu'ils ne savent rien faire d'autre que, à la différence de ce qui se passe au Royaume-Uni ou en Allemagne, nos anciens Premiers ministres broutent jusqu'à la mort ou presque dans le pré carré de la politique ?

2. Voir, *supra*, Delphine Dulong, « Les relations entre l'Élysée et Matignon : un problème institutionnel de moins en moins personnel », p. 17-26.

RÉSUMÉ

La Constitution française est ainsi faite que presque tous ceux qui sont arrivés à la dernière étape avant le sommet, les Premiers ministres, ambitionnent ouvertement ou secrètement d'aller encore plus haut, en accédant à la présidence de la République. Depuis 1959, très peu y parvinrent, de sorte que nombre d'entre eux eurent à trouver un rôle nouveau après « l'enfer de Matignon ». Avant l'interdiction du cumul des mandats, plusieurs se replièrent sur leur région, dont ils devinrent les potentats indiscutés. Les choses sont aujourd'hui à réinventer, et ce n'est pas facile.

CHRONIQUES

Pierre Astié
Dominique Breillat
Céline Lageot*

Repères étrangers

(1er juillet – 30 septembre 2024)

Autriche

29 septembre 2024. **Élections législatives.** Le Parti de la liberté (FPÖ), extrême droite, dirigé par Herbert Kickl, arrive en tête avec 28,8 % des voix et 57 sièges, soit un progrès de vingt-six élus. Le Parti populaire (ÖVP), mené par le chancelier Karl Nehammer, est deuxième avec seulement 26,3 % des voix, perdant onze points par rapport à 2019. Les sociaux-démocrates du SPÖ obtiennent 21,3 % des voix et les centristes libéraux de NEOS 9,1 %.

Espagne

1er juillet, 10 et 26 septembre 2024. **Loi d'amnistie.** CJUE. Le 1er juillet, le Tribunal suprême refuse d'appliquer la loi d'amnistie à Carles Puigdemont, considérant que celle-ci s'applique bien au délit de désobéissance mais pas « au délit de détournement de fonds » dont il est accusé, décision confirmée le 10 septembre.

Le 26 septembre, la Cour de justice de l'Union européenne rejette « définitivement » un recours de Carles Puigdemont et de l'un de ses proches contre le refus initial du Parlement européen de les reconnaître comme eurodéputés en 2019.

États-Unis

1er et 15 juillet, 6 septembre 2024. **Ancien président. Cour suprême.** Le 1er juillet, la Cour suprême renvoie aux juridictions inférieures la question de l'immunité pénale de Donald Trump, ce qui retarde son procès fédéral, considérant qu'il a « droit à une présomption d'immunité pour ses actes officiels ».

Le 15 juillet, la juge Aileen Cannon annule l'enquête fédérale visant

* Centre d'études et de coopération juridique interdisciplinaire-Université de Poitiers (CECOJI-UP) – EA 7353.

l'ex-président pour rétention et dissimulation de documents classifiés, estimant qu'elle était illégale. Le ministère public fait appel de cette décision condamnée par tous les experts.

Le 6 septembre, le juge Juan Merchan décide de reporter au 26 novembre l'annonce du prononcé de la peine contre Donald Trump dans l'affaire Stormy Daniels, initialement prévu le 18 septembre, pour éviter « toute apparence que la procédure a été affectée par, ou bien cherche à affecter, l'élection présidentielle qui approche ».

 Juillet-septembre 2024. **Élection présidentielle.** Le président sortant multiplie les bourdes. Le 11 juillet par exemple, au sommet de l'OTAN, Joe Biden présente Volodymyr Zelensky comme « le président Poutine ».

Le 13 juillet, Donald Trump est l'objet d'une tentative d'assassinat à Butler, en Pennsylvanie. Il est blessé mais réagit immédiatement. Le tireur, Thomas Matthew Crooks, 20 ans, abattu par des officiers de sécurité, a utilisé le fusil semi-automatique de son père. Tandis que des questions se posent sur les défaillances des services de sécurité, certains évangéliques voient Donald Trump comme un « miraculé ».

Le 15 juillet, lors de la convention républicaine à Milwaukee, James David Vance, 39 ans, sénateur catholique de l'Ohio, est désigné candidat à la vice-présidence. Huit ans auparavant, il qualifiait Donald Trump de « drogue dure ».

Le 21 juillet, quatre jours après avoir interrompu sa campagne parce que testé positif à la Covid-19, Joe Biden annonce retirer sa candidature et adouber la vice-présidente Kamala Harris, 59 ans, afro-américaine d'origine indienne, ex-procureure générale de Californie, ancienne sénatrice démocrate de Californie. Si elle est née à Oakland, son père, économiste, est né en Jamaïque et sa mère, chercheuse en médecine, en Inde.

Le 26 juillet, Barack Obama déclare avoir apporté « tout son soutien » à Kamala Harris.

Le 6 août, la candidate démocrate choisit comme colistier Tim Walz, 60 ans, gouverneur luthérien du Minnesota, ancré à gauche mais loin de toute radicalité.

Le 22 août, Robert Kennedy Jr. retire sa candidature et se rallie à Donald Trump.

Le débat télévisé du 10 septembre entre Donald Trump et Kamala Harris tourne à l'avantage de la candidate démocrate. Donald Trump, dont les propos sont délirants, accuse la chaîne qui l'organise de partialité.

Le 15 septembre, Donald Trump échappe pour la deuxième fois à une tentative d'assassinat présumée, en Floride, sur un terrain de golf.

En meeting à Atlanta ce jour-là, Kamala Harris prononce un discours offensif sur l'avortement. La campagne est marquée par un recul sur le climat.

Japon

14 août et 27 septembre 2024. **Premier ministre. Parti libéral-démocrate.** Très impopulaire, le Premier ministre, Fumio Kishida, 67 ans, banquier, en fonction depuis le 4 octobre 2021, touché par un scandale de corruption, annonce son intention de se retirer de la course pour sa réélection à la tête du Parti libéral-démocrate. Le 27 septembre, c'est Shigeru Ishiba, 67 ans, ancien ministre de l'Agriculture, militariste, qui est élu. Il devient Premier ministre le 1er octobre.

LIBAN

Juillet-septembre 2024. **Israël. Hezbollah.** Le 4 juillet, en réplique à « l'élimination », près de Tyr, du commandant Mohammad Nehmé Nasser, dit Hajj Abou Nehmé, 59 ans, troisième chef militaire tué par Israël en neuf mois, le Hezbollah lance une attaque d'ampleur sur le nord de l'État hébreu.

Le 30 juillet, l'armée israélienne mène « une attaque ciblée à Beyrouth contre le commandant responsable » deux jours avant, selon Tsahal, de l'attaque nocturne à Majdal Shams. Fouad Chokr, 61 ans, chef politique du Hamas, est tué.

Début août, les Nations unies appellent à agir d'urgence alors que les frappes s'intensifient.

Plus de deux mille sept cent cinquante personnes sont blessées et au moins trente-sept périssent dans des explosions de bipeurs, le 17 septembre.

Le 23 septembre, au lendemain d'un raid du Hezbollah sur Haïfa, d'intenses frappes israéliennes font plus de six cents morts dans le sud du Liban. C'est le plus lourd bilan humain en une journée depuis la guerre civile.

Le 24 septembre, à la tribune des Nations unies, Joe Biden met en garde contre une « guerre généralisée ». Le lendemain, le Conseil de sécurité se réunit pour examiner la situation au Liban et demander un cessez-le-feu immédiat de vingt et un jours.

Visé par une frappe israélienne dans le sud de Beyrouth, Hassan Nasrallah, 64 ans, leader du Hezbollah depuis 1992, est tué à Haret Hreik, le 27 septembre. L'Iran décrète cinq jours de deuil national et promet de ne pas laisser l'acte « impuni ». Trois jours plus tard, Israël lance des opérations au sol dans le sud du Liban.

PALESTINE

Juillet-septembre 2024. **Israël. Hamas.** Tel-Aviv confirme avoir tué le 13 juillet Mohammed Deif, 59 ans, chef de la branche armée du Hamas.

Le 15 juillet, un raid israélien détruit en partie le siège de l'UNRWA à Gaza, Israël affirmant avoir ainsi combattu des hommes du Hamas qui y étaient embusqués.

Dans un rapport publié le 17 juillet, Human Rights Watch documente l'attaque du 7 octobre 2023. Selon l'AFP, 815 civils et 380 militaires ont été tués, et 251 personnes prises en otage.

Le 31 juillet, Ismaïl Haniyeh, 62 ans, chef du bureau politique du Hamas, Premier ministre du 29 mars 2006 au 14 juin 2007, est tué par une opération aérienne en Iran. Il était un interlocuteur dans les négociations de cessez-le-feu.

L'Iran prévient qu'il va répliquer.

Le 23 août, le procureur de la Cour pénale internationale, Karim Khan, exhorte les juges à statuer avec « la plus grande urgence » sur ses demandes de mandats d'arrêt déposées le 20 mai et visant Benyamin Netanyahou, son ministre de la Défense, Yoav Gallant, et trois responsables du Hamas.

Le 10 septembre commence une « pause humanitaire » partielle de trois jours dans le nord de la bande de Gaza, permettant notamment une campagne de vaccination contre la poliomyélite.

Le 18 septembre, dans une résolution « non contraignante », l'Assemblée générale des Nations unies demande le retrait d'Israël des territoires palestiniens par 124 voix contre 14 et 43 abstentions.

19 juillet 2024. **Cisjordanie. Colonisation.** La Cour internationale de justice juge « illicite » la présence israélienne en

Cisjordanie et appelle Israël à y mettre fin « dans les plus brefs délais ».

ROYAUME-UNI

4 juillet 2024. **Élections législatives. Gouvernement.** Le National Health Service a été au cœur des débats, et Nigel Farage prospère sur la peur des étrangers. Alors que le Premier ministre sortant, Rishi Sunak, accumulant les bévues, fait une mauvaise campagne, le programme du *Labour* est prudent.

Les travaillistes, menés par Keir Starmer, 61 ans, triomphent à la faveur d'un raz-de-marée : avec 33,7 % des voix, ils obtiennent 411 des 650 sièges, écrasant ainsi les conservateurs, qui ont 23,7 % des voix et 121 élus, soit leur pire résultat depuis 1906. Rishi Sunak a perdu son pari dans ces élections anticipées. L'extrême droite de Nigel Farage, sous la bannière de Reform UK, réussit, en recueillant 14,3 % des suffrages, à faire élire 5 députés après sept échecs en vingt ans. Les libéraux-démocrates ont 72 élus avec 12,2 % des voix, les Verts 4 députés avec 6,4 % et le Parti national écossais 9 sièges avec 2,5 %. Il y a 6 indépendants, totalisant 2,0 % des suffrages. La participation a été de 60,0 %.

Élections générales au Royaume-Uni

Inscrits	48 208 507		
Votants	28 924 725	60,00 %	
Blancs et nuls	116 063		
Suffrages exprimés	28 808 662		

Partis	*voix*	*%*	*sièges*
Parti travailliste	9 708 716	33,70 (+ 1,62)	411 (+ 209)
Parti conservateur	6 828 925	23,70 (– 19,93)	121 (– 244)
Reform UK	4 117 620	14,29 (+ 12,28)	5 (+ 5)
Libéraux-démocrates	3 519 143	12,22 (+ 0,67)	72 (+ 61)
Parti vert	1 841 888	6,39 (+ 3,69)	4 (+ 3)
Parti national écossais	724 758	2,52 (– 1,36)	9 (– 39)
Sinn Féin	210 891	0,73 (+ 0,16)	7 (=)
Parti des travailleurs	210 194	0,73	0
Plaid Cymru	194 811	0,68 (+ 0,20)	4 (=)
Parti unioniste démocrate	172 058	0,60 (– 0,16)	5 (– 3)
Alliance	117 191	0,40 (– 0,02)	1 (=)
Parti unioniste d'Ulster	94 779	0,33 (+ 0,04)	1 (+ 1)
Parti vert écossais	92 685	0,32 (+ 0,23)	0 (=)
Parti social-démocrate et travailliste	86 861	0,30 (– 0,07)	2 (=)
Voix unioniste traditionnelle	48 685	0,17	1
Parti social-démocrate	33 811	0,12 (+ 0,11)	0 (=)
Parti du Yorkshire	17 227	0,06 (– 0,03)	0 (=)
Indépendants	564 243	1,96 (+ 1,32)	6 (+ 6)
Autres partis	*198 758*	*0,69*	*0*

Au lendemain du scrutin, Keir Starmer est nommé Premier ministre.

Le nouveau cabinet de vingt-six ministres, dont douze femmes, compte beaucoup de membres issus d'un milieu modeste, 88 % étant passés par des écoles publiques gratuites. Angela Rayner, 44 ans, est vice-Première ministre et secrétaire d'État à l'Égalité des chances, au Logement et aux Communautés (devenue au Logement, aux Communautés et au Gouvernement local) ; Rachel Reeves, 45 ans, ancienne économiste de la Banque d'Angleterre, est la première femme à devenir chancelière de l'Échiquier ; David Lammy, 51 ans, de parents guyanais, prend la tête du *Foreign Office* ; et James Timpson, 52 ans, industriel, est ministre des prisons. John Healey, 64 ans, est nommé à la Défense et Yvette Cooper, 55 ans, à l'Intérieur.

Le Premier ministre met immédiatement fin au projet d'expulser les migrants au Rwanda. Il va devoir prendre des décisions peu populaires, évoquant le 27 août un projet de budget « douloureux ». Le gouvernement veut introduire la TVA sur les frais de scolarité des écoles privées qui en étaient jusqu'alors exemptes, ce qui en contrepartie devrait renforcer les moyens de l'école publique. Non par idéologie mais par pragmatisme, il remet en cause les privatisations effectuées depuis Margaret Thatcher, constatant leur échec.

Le 12 septembre, Keir Starmer se donne dix ans pour réformer le système de santé.

Ukraine

Juillet-septembre 2024. **Russie**. Le 15 juillet, pour la première fois, Volodymyr Zelensky semble envisager de discuter avec l'ennemi. Le 1er août, il laisse même entendre que des négociations pourraient mettre fin au conflit « si la Russie le veut ».

Le 6 août, plus d'un millier de soldats ukrainiens font une incursion dans l'oblast de Koursk. C'est un revers inattendu pour la Russie, qui en quelques jours perd un territoire comparable à ce qu'elle a conquis sur le sol ukrainien depuis début 2023.

Au mois d'août, les forces russes font l'avancée la plus importante depuis près de deux ans. Et le 12 septembre, Moscou lance une contre-offensive dans la région de Koursk.

Le 26 septembre, Volodymyr Zelensky présente son « plan pour la victoire » à Washington, alors que le lendemain Brasilia et Pékin organisent, en marge des Nations unies, une réunion avec une vingtaine d'États du « Sud global » pour examiner leur propre initiative, qualifiée de « destructrice » par Kiev.

15 août 2024. **CPI**. Le président Zelensky transmet à la Rada un projet de loi de ratification de l'adhésion au traité de Rome instituant la Cour pénale internationale, afin de remplir une des exigences pour entrer dans l'Union européenne. Kiev invoque l'article 124 du traité, qui permet d'exempter pendant sept années les civils comme les militaires de toute poursuite pour crimes de guerre par la CPI. Cependant, l'article ne pouvant s'appliquer que trois mois après la remise du texte voté par le Parlement, il n'y aura aucune incidence sur les six mandats d'arrêt délivrés par la CPI contre des responsables politiques et militaires russes, dont Vladimir Poutine.

Union européenne

3 juillet 2024. **CJUE**. Trois juges sont nommés : Irmantas Jarukaitis, 51 ans, lituanien, en fonction depuis le

8 octobre 2018, reconduit, Bernardus Smulders, 64 ans, néerlandais, et Fredrik Schalin, 60 ans, suédois, ainsi qu'un avocat général : Rimvydas Norkus, 45 ans, lituanien.

15-19 juillet 2024. **Parlement européen. Groupes. Présidence.** Huit groupes parlementaires se sont formés :

– Parti populaire européen, présidé par l'Allemand Manfred Weber, 52 ans, CSU, ingénieur (188 membres, issus des vingt-sept pays membres) ;

– Alliance progressiste des socialistes et démocrates, présidé par l'Espagnole Iratxe García Pérez, 50 ans, PSOE, travailleuse sociale (136 membres, issus de vingt-cinq pays) ;

– Patriotes pour l'Europe, présidé par le Français Jordan Bardella, 29 ans, Rassemblement national (86 membres, issus de treize pays) ;

– Conservateurs et réformistes européens, coprésidé par l'Italien Nicola Procaccini, 48 ans, Fratelli d'Italia, journaliste, et le Polonais Joachim Brudziński, 56 ans, Droit et justice (78 membres, issus de dix-huit pays) ;

– Renew Europe, présidé par la Française Valérie Hayer, 38 ans, Renaissance, experte en finances locales (77 membres, issus de vingt pays) ;

– Verts/Alliance libre européenne, coprésidé par le Néerlandais Bas Eickhout, 47 ans, Parti travailliste-Gauche verte, et l'Allemande Theresa Reintke, 37 ans, Alliance 90/Les Verts (53 membres, issus de dix-sept pays) ;

– La Gauche, coprésidé par la Française Manon Aubry, 34 ans, La France insoumise, et l'Allemand Martin Schirdewan, 49 ans, Die Linke (46 membres, issus de treize pays) ;

– Europe des nations souveraines, coprésidé par l'Allemand René Aust, 37 ans, AfD, et le Polonais Stanisław Tyszka, 45 ans, La Pologne ensemble, universitaire (25 membres, issus de huit pays).

On dénombre par ailleurs 30 non-inscrits, issus de huit pays.

Un siège, enfin, reste vacant. Antoni Comín i Oliveres, indépendantiste catalan réfugié à Waterloo, en Belgique, ayant refusé de prêter allégeance à la Constitution espagnole, ne peut en effet siéger. Le Parlement ne compte donc que 719 députés (au lieu de 720), dont 60 Espagnols. La décision a été validée par la CJUE le 26 septembre.

La première session plénière de la Xe législature voit également la conservatrice maltaise Roberta Metsola, 45 ans, Parti nationaliste, conseillère juridique, en fonction depuis le 11 janvier 2022, être réélue présidente à Strasbourg pour un mandat de deux ans et demi, obtenant 562 voix contre 61 à l'Espagnole Irene Montero, Podemos, psychologue, et 76 votes blancs et nuls.

17 septembre 2024. **Commission.** La parité est en régression dans les propositions de désignation des nouveaux commissaires. Ursula von der Leyen avait demandé aux États de lui proposer chacun les noms d'un homme et d'une femme. Mais neuf femmes seulement ont été présentées, contre treize en 2019.

La veille de la présentation de la nouvelle Commission, le commissaire au marché intérieur, Thierry Breton, 69 ans, démissionne, reprochant à la présidente de la Commission d'avoir « demandé à la France de retirer [s]on nom, pour des raisons personnelles qu'en aucun cas [elle] n'[a] discuté directement avec [lui] ». Après avoir proposé à nouveau son nom, le président français désigne Stéphane Séjourné, 39 ans, Renaissance, ministre des Affaires étrangères démissionnaire, pour lui succéder.

La Commission comptera quatre femmes parmi les six vice-présidents : outre le Français Stéphane Séjourné, qui devrait être chargé de l'industrie et du marché unique, l'Espagnole Teresa Ribera, 55 ans, PSOE, administratrice civile, ministre de la Transition écologique et du Défi démographique espagnole depuis 2018, vice-présidente « pour une transition propre, juste et compétitive », commissaire à la concurrence ; la Finlandaise Henna Virkkunen, 52 ans, Parti de la coalition nationale (conservateur et libéral), journaliste et universitaire, « pour la souveraineté technologique et le numérique » ; l'Estonienne Kaja Kallas, 47 ans, Parti de la réforme (centre droit libéral), avocate, Première ministre estonienne du 26 janvier 2021 au 23 juillet 2024, Haute représentante pour la politique étrangère et de sécurité ; la Roumaine Roxana Mînzatu, 44 ans, Parti social-démocrate, fonctionnaire locale, secrétaire d'État chargée des programmes financés par des fonds publics et européens du 3 mai 2022 au 15 juillet 2024, « aux personnes, aux compétences et à la préparation », commissaire à l'éducation, aux emplois de qualité et aux droits sociaux ; l'Italien Raffaele Fitto, 55 ans, Fratelli d'Italia, ministre des Affaires européennes, de la Cohésion et du Plan de relance italien depuis 2022, « pour la politique du développement régional et des villes ».

Les autres membres présentés dessinent une Commission très à droite.

Le Conseil en adopte formellement la liste le surlendemain.

26 septembre 2024. **Primauté du droit européen.** La Cour de justice de l'Union européenne, sur demande de la cour d'appel roumaine de Brasov, estime que les juges nationaux peuvent ne pas suivre une décision de leur cour constitutionnelle si elle va à l'encontre du droit de l'Union.

Venezuela

28 juillet 2024. **Élection présidentielle.** Nicolás Maduro, 61 ans, en fonction depuis le 8 mars 2013, remporte l'élection avec 52,0 % des voix, contre 43,2 % à Edmundo González Urrutia, 75 ans, dont la candidature était soutenue par la leader de l'opposition, María Corina Machado, 57 ans, favorite des sondages mais déclarée inéligible par le pouvoir. L'opposition ne reconnaît pas le résultat officiel et revendique près de 70 % des voix.

Les manifestations contre cette réélection sont réprimées. Les présidents brésilien et chilien font pression pour que des résultats complets soient publiés.

Le 31 juillet, la leader de l'opposition appelle pour la première fois à la mobilisation, tandis que l'Organisation des États américains demande à la Cour pénale internationale d'inculper Nicolás Maduro et d'émettre un mandat d'arrêt à son encontre.

Menacé par un mandat d'arrêt, Edmundo González quitte le pays à bord d'un avion militaire espagnol, le 7 septembre, pour rejoindre le sol ibérique. De son côté, María Corina Machado n'entend pas fuir.

Et ailleurs

5 juillet. Le réformateur Masoud Pezeshkian est élu largement, avec 55 % des voix, président de la République islamique d'Iran.

5 août. Au Bangladesh, des semaines de protestations et une violente répression contraignent la Première ministre, Sheikh Hasina, à la démission et à la fuite en Inde, signant la fin d'une dynastie au pouvoir depuis l'indépendance, en 1971.

14 août. En Thaïlande, la Cour constitutionnelle démet de ses fonctions le Premier ministre, Srettha Thavisin, pour avoir violé les règles éthiques en nommant un ministre condamné à la prison par le passé.

1er septembre. Les élections régionales en Thuringe et en Saxe, comme au Brandebourg trois semaines après, sont marquées par la forte progression des extrêmes, de droite (AfD) comme de gauche (Alliance Sarah Wagenknecht).

7 septembre. En Algérie, le président Abdelmadjid Tebboune est réélu avec 84 % des voix.

Jean Gicquel
Jean-Éric Gicquel

Chronique constitutionnelle française

(30 juin – 30 septembre 2024)

Repères

9 juillet. La présidente du conseil régional d'Occitanie, Mme Delga, obtient la condamnation de la France devant la CEDH, en raison du « caractère isolé et imprévisible » de l'interprétation (de l'article 423-7 du code pénal) retenue par le juge judiciaire ayant entraîné sa condamnation pour discrimination à l'égard d'une commune dirigée par le RN.

10 juillet. Le président Macron participe, à Washington, à la cérémonie du 75e anniversaire de l'OTAN. Il y écrit « une lettre aux Français » sur la situation institutionnelle après sa défaite au scrutin législatif.

21 juillet. Le tour de France cycliste se termine exceptionnellement à Nice, les Champs-Élysées à Paris étant aménagés pour accueillir les Jeux olympiques à partir du 26 courant.

22 juillet. Un « pacte législatif d'urgence » est présenté à l'Assemblée nationale par MM. Wauquiez et Retailleau (Droite républicaine et Les Républicains), sans jeter, pour autant, les bases d'un accord de gouvernement. Treize propositions de loi ont été retenues.

24 juillet. À la suite de nombreuses sanctions prononcées contre la chaîne C8 et principalement liées à l'émission « Touche pas à mon poste ! » de M. Hanouna, l'Arcom décide de ne pas renouveler l'autorisation de diffusion de ladite chaîne sur les fréquences TNT.

25 juillet. Le premier secrétaire du Parti socialiste demande au vice-président du Conseil d'État si celui-ci a « mobilisé des moyens […] afin d'assurer un contrôle en temps réel des décisions prises » par le gouvernement Attal, chargé de l'expédition des affaires courantes. Est aussi posée la question de l'intérêt à agir d'un dirigeant d'un parti politique pour contester les susmentionnées décisions.

12 août. À l'issue des Jeux olympiques, la France obtient soixante-quatre médailles, dont seize en or, battant son record d'Atlanta.

16 août. Face au virus mpox, le système de santé français est placé en état de vigilance maximale.

20 août. M. Wauquiez, président (LR) du conseil régional d'Auvergne-Rhône-Alpes, est visé par un signalement de l'opposition, transmis au parquet national financier pour financement par la région d'études sur son image.

23 août. M. François Fillon, sa conjointe et son ancien suppléant déposent un recours devant la CEDH (art. 6 de la Convention), dans le cadre de leur condamnation pour détournement de fonds publics.

24 août. Arrestation à l'aéroport du Bourget (Seine-Saint-Denis) de M. Durov, franco-russe, PDG de Telegram. Il sera libéré ultérieurement sous contrôle judiciaire.

31 août. L'usine KNS, qui exploite le nickel calédonien, ferme ses portes ; le développement de la province Nord, à majorité indépendantiste, est gravement mis en cause.

La crise de confiance affecte les institutions et le chef de l'État : 69 % des sondés désapprouvent son action ; 51 % sont favorables à sa démission (enquête électorale Ipsos pour *Le Monde*, la fondation Jean-Jaurès, le Cevipof et l'institut Montaigne).

M. Tein, leader indépendantiste kanak, détenu en métropole, est élu à la tête du FLNKS.

M. Ciotti (LR) annonce la création de son parti, l'Union des droites pour la République.

3 septembre. Dans un entretien au *Point*, M. Édouard Philippe, ancien Premier ministre, maire du Havre, annonce qu'il sera candidat à la prochaine élection présidentielle.

4 septembre. M. Cambadélis, ancien député socialiste, ancien premier secrétaire du PS, est condamné par la 32e chambre du tribunal correctionnel de Paris, pour « détournement de frais de mandat », à huit mois de prison avec sursis et 60 000 euros d'amende. Il a fait appel.

5 septembre. M. Pannekoucke (LR) devient président du conseil régional d'Auvergne-Rhône-Alpes, en remplacement de M. Wauquiez, élu député en Haute-Loire, en juillet.

6 septembre. Mme Alliot-Marie, ancienne ministre des présidents Chirac et Sarkozy, est condamnée par le tribunal correctionnel de Nanterre à six mois de prison avec sursis pour prise illégale d'intérêts, de 2010 à 2012, en qualité d'adjointe au maire de Saint-Jean-de-Luz (Pyrénées-Atlantiques). Elle a fait appel.

9 septembre. À la suite des révélations sur les agissements de l'abbé Pierre, la fondation éponyme annonce sa décision de changer de nom, tandis qu'Emmaüs décide de fermer le lieu de mémoire dédié au prêtre à Esteville (Seine-Maritime).

13 septembre. Le président Macron souhaite instaurer « une fête nationale du sport », à l'instar de celle de la musique. Cette fête annuelle coïnciderait avec celle de la parade des athlètes et des bénévoles du 14 septembre (entretien au *Parisien*).

15 septembre. À la fête de *L'Humanité*, qui se déroule à Brétigny (Essonne), M. de Villepin, ancien Premier ministre, est acclamé pour ses prises de position concernant la guerre à Gaza, entre autres, tandis que M. Ruffin, député désormais écologiste, est vilipendé à raison de sa critique envers M. Mélenchon dans son dernier livre (*Itinéraires. Ma France en entier, pas à moitié !*, Les Liens qui libèrent, 2024).

20 septembre. Le tribunal correctionnel de Rennes relaxe le commissaire de police du chef d'homicide involontaire concernant la noyade de Steve à Nantes, le jour de la fête de la musique, en 2019.

M. Luis Vassy est nommé à la tête de l'IEP de Paris. Il appartient à la même promotion de l'ENA que le chef de l'État.

25 septembre. Sur RTL, M. Fabius, président du Conseil constitutionnel, souligne « la stabilité adaptative » de la Constitution de 1958, à la veille de son 66e anniversaire. Le Rassemblement national appartient à « l'arc républicain », en raison de la saisine ouverte à ses parlementaires.

29 septembre. M. Retailleau, ministre de l'Intérieur, se prononce pour la tenue d'un référendum relatif à l'immigration (entretien sur LCI). Au *Journal du dimanche*, il déclare que, « l'État de droit, ça n'est pas intangible, ni sacré ».

M. Darmanin, député (EPR), lance son mouvement, « Populaires ».

30 septembre. Ouverture du procès intenté à Mme Le Pen et à des députés européens du Rassemblement national, dans l'affaire de leurs assistants au Parlement européen.

Assemblée nationale

– *Bibliographie.* J.-P. Camby, « Sortie de piste à l'Assemblée nationale : des attributions de postes contraires à la démocratie parlementaire », LeClubdesJuristes.com, 23-7.

– *Aspects.* La XVIIe législature, qui s'est ouverte le 18 juillet, a innové.

I. *Bureau.* Sa constitution a été, les 19 et 20 juillet, des plus laborieuses. Indépendamment des stratégies politiques de chaque groupe (et notamment le fait que des députés RN ont voté en faveur de vice-présidents FI-NFP, ce qui a suscité les premiers rappels au règlement de la nouvelle législature), on retiendra les points saillants suivants.

D'abord, faute d'accord entre les présidents de groupe sur l'attribution de différents postes selon un système de points (art. 2 du RAN), des élections ont été effectuées au scrutin plurinominal majoritaire. De manière totalement inédite, l'élection des vice-présidents a dû être refaite en raison de la présence, lors du dépouillement, de dix enveloppes en trop déposées dans les urnes. Tout laisse à penser qu'il s'est agi d'une tentative de fraude, soit, comme l'a affirmé M. Guedj (S), une « pratique délétère qui a pour conséquence la démonétisation et la décrédibilisation du fonctionnement de cette institution ». En sus, certains bulletins imprimés par le RN ont été invalidés en raison d'une erreur sur le prénom – Thierry Breton, commissaire européen, à la place du député Xavier Breton (Droite républicaine).

Ensuite, une fois les différentes élections effectuées jusqu'à 4 h 10 du matin, ce qui ne restera pas sans conséquence sur leur issue (de nombreux députés, notamment du groupe Ensemble pour la République, ayant progressivement quitté l'hémicycle), le bureau, présidé par Mme Braun-Pivet (EPR) (Yvelines, 5e), où elle se trouve désormais en minorité, est ainsi constitué : vice-présidents, Mmes Guetté (FI-NFP) (Val-de-Marne 2e), Moutchou (Horizons et indépendants) (Val-d'Oise, 4e), Abomangoli

(FI-NFP) (Seine-Saint-Denis, 10e), MM. Breton (DR) (Ain, 1re), Lescure (EPR) (Français de l'étranger, 1re) et Mme Genevard (DR) (Doubs, 5e) ; questeurs (on soulignera que le collège est pour la première fois entièrement féminin), Mmes Pirès Beaune (S) (Puy-de-Dôme, 2e), Klinkert (EPR) (Haut-Rhin, 1re) et Tabarot (DR) (Alpes-Maritimes, 9e) ; secrétaires, sans ordre protocolaire, Mmes Amrani (FI-NFP) (Essonne, 1re), Magnier (Horizons et indépendants) (Marne, 4e), Pantel (S) (Lozère, 1re), Reid Arbelot (GDR) (Polynésie, 3e), Sas (Écologiste et social) (Paris, 8e), Sebaihi (Écologiste et social) (Hauts-de-Seine, 4e), MM. Amard (FI-NFP) (Rhône, 6e), Echaniz (S) (Pyrénées-Atlantiques, 4e), Naegelen (LIOT) (Vosges, 3e), Panifous (LIOT) (Ariège, 2e), Peu (GDR) (Seine-Saint-Denis, 2e), Peytavie (Écologiste et social) (Dordogne, 4e).

Fait une nouvelle fois inédit, la présidente de l'Assemblée agira quasiment dans une logique de cohabitation, puisque douze membres sur vingt-deux sont issus des groupes d'opposition s'étant coalisés, lors des législatives, au sein du Nouveau Front populaire (soit les groupes FI-NFP, S, GDR et Écologiste). Cela devrait avoir une incidence sur le prononcé de sanctions disciplinaires à l'égard des députés, qui risquent d'être encore plus turbulents que ceux de la précédente législature.

Enfin, l'article 2, alinéa 2, du règlement, qui dispose que « l'élection des vice-présidents, des questeurs et des secrétaires a lieu en s'efforçant de reproduire au sein du bureau la configuration politique de l'Assemblée », est loin d'avoir été respecté. En effet, certains groupes (À droite, Démocrates et, surtout, situation totalement ubuesque, le RN, groupe le plus important d'un point de vue arithmétique) ne disposent d'aucuns représentants au sein du bureau. L'Assemblée nationale est ainsi devenue, selon Mme Le Pen, une « zone de non-droit » (entretien au *Parisien*, 20-7). La présidente a regretté cette situation, le lendemain, ainsi que le chef de l'État, le 23 juillet, qui est à l'opposé de celle de la XVIe législature (où l'on comptait deux vice-présidents RN). Une situation qui toutefois s'explique, pour partie, par le choix du RN de voter en faveur de vice-présidents FI puis de quitter l'hémicycle avant que l'élection des secrétaires ne débute.

II. *Composition*. En dehors des considérations politiques, on notera que : 73 % des membres de la nouvelle Assemblée sont des députés réélus ; 36 % sont des femmes (comme en 2022) ; la moyenne d'âge est de 49 ans et 7 mois (48 ans et 10 mois en 2017 et 2022) ; et, enfin, une nouvelle fois les catégories socioprofessionnelles supérieures (cadres d'entreprise et de la fonction publique), ainsi que les professions intellectuelles et artistiques, sont fortement surreprésentées (53 %). Dans un autre registre, M. Termet (RN) (Ardennes, 1re), jusqu'alors benjamin de l'Assemblée nationale, a démissionné de son mandat, le 30 septembre, pour « des raisons personnelles, d'ordre médical ».

III. *Coût de la dissolution*. Celui-ci a été estimé à plus de 28 millions d'euros pour le budget de l'Assemblée, et ce essentiellement en raison des frais occasionnés par le licenciement brutal des collaborateurs de cent trente-trois députés non réélus (FranceInfo, 17-9).

IV. *Saisine du Conseil constitutionnel*. Quatre-vingt-un recours contre le scrutin législatif ont été présentés. Le Conseil a considéré, par ailleurs, qu'il n'y avait pas lieu de statuer sur des requêtes déposées les 26, 27 et 28 juin pour demander l'annulation du décret du 9 juin ayant procédé à la dissolution, en raison du fait que le premier tour des élections législatives s'est tenu les 29 et 30 juin (54/55/56 ELEC). De la même façon, arguant de sa compétence d'attribution, il a décliné sa compétence à propos de l'élection de la présidente de l'Assemblée, sur recours du groupe FI, le 31 juillet (58/59 ELEC), et de Mme Le Pen, le 12 septembre (60 ELEC).

V. *Présidence.* Trois tours ont été nécessaires, le 19 juillet, pour permettre la réélection au « perchoir » de Mme Braun-Pivet (EPR), qui, situation surprenante, n'est pas issue du groupe arithmétiquement le plus important. Par ailleurs, il faut remonter à 1968 et Jacques Chaban-Delmas pour retrouver le cas de figure d'une reconduction à ce poste d'une législature à l'autre.

Au premier tour (où la majorité absolue est requise comme au deuxième), les résultats ont été les suivants : M. Chassaigne (GDR), 200 voix ; M. Chenu (RN), 142 ; Mme Braun-Pivet, 124 ; M. Juvin (LDR), 48 ; Mme Moutchou (Horizons), 38 ; M. de Courson (LIOT), 18. Et au deuxième tour : Mme Braun-Pivet, 210 ; M. Chassaigne, 202 ; M. Chenu, 143 ; M. de Courson, 12 ; autres, 2. Un troisième tour (cette fois-ci à la majorité relative) a ensuite été organisé, donnant les résultats finaux : Mme Braun-Pivet, 220 ; M. Chassaigne, 207 ; M. Chenu, 141 ; autres, 1.

La participation décisive au vote de dix-sept ministres, élus députés, du gouvernement Attal dont la démission avait été acceptée, le 16 juillet, par le chef de l'État a fait l'objet de controverses. Bien que des situations similaires aient été rencontrées en 1967 et en 1988 (cette *Chronique*, n° 47, p. 199), l'incompatibilité des fonctions ministérielle et parlementaire fixée par l'article 23 de la Constitution et par l'article LO 153 du code électoral (selon lequel le cumul est possible durant un mois mais que, « pendant ce délai, le député membre du gouvernement ne peut prendre part à aucun scrutin ») ne s'applique pas aux membres d'un gouvernement démissionnaire. L'article LO 153 précise ainsi que « l'incompatibilité ne prend pas effet si le gouvernement est démissionnaire avant l'expiration dudit délai ». Certes, ces règles ont été conçues, à l'origine, pour l'hypothèse d'un parlementaire devenant ministre, mais elles peuvent aussi valoir dans le sens inverse (et ce, depuis 1959, lorsque MM. Berthoin et Houdet, membres du gouvernement Debré, avaient été élus sénateurs). En tout état de cause, le Conseil constitutionnel est incompétent pour se prononcer sur l'élection du président de l'Assemblée (86-3 ELEC du 16 avril 1986 avant 58/59 et 60 ELEC).

VI. Reste quelques situations particulières à évoquer. L'Assemblée a accueilli l'ancien président François Hollande, membre de droit et à vie du Conseil constitutionnel, en retrait de l'institution depuis 2017, élu (NFP) au ballottage (Corrèze, 1re), tel Valéry Giscard d'Estaing en 1984 ; un sénateur, M. Bonnecarrère (UC), a été élu député (Tarn, 1re), ainsi qu'un président de région, M. Wauquiez (DR) (Haute-Loire, 1re), et une députée européenne, Mme Josserand (RN) (Gard, 6e). D'un point de vue familial, le Palais-Bourbon compte un père, M. Jean-René Cazeneuve (Gers, 1re), et son fils, Pierre (EPR) (Hauts-de-Seine, 7e) ; M. Corentin Le Fur (DR) (Côtes-d'Armor, 3e) succède à son père ; tandis que la première circonscription de l'Oise cesse d'être le fief de la famille Dassault depuis la IVe République, ravie par le RN. M. de Courson

(LIOT) (Marne, 5e), élu depuis 1993, a été reconduit pour un huitième mandat, en qualité de doyen de l'Assemblée.

V. *Commissions. Élections législatives. Gouvernement. Groupes. Immunités. Irrecevabilité. Premier ministre. Président de la République.*

COLLECTIVITÉS TERRITORIALES

– *Droit concordataire alsacien-mosellan.* Un arrêté du 16 août pris par le ministre de l'Intérieur a porté fusion de deux paroisses de l'Église protestante réformée d'Alsace et de Lorraine ; un arrêté du même jour en a supprimé une (*JO*, 30-8) (cette *Chronique*, n° 191, p. 150).

V. *Gouvernement.*

COMMISSIONS

– *Présidence.* Les présidents des commissions permanentes de l'Assemblée nationale ont été élus, le 20 juillet : Mmes Keloua Hachi (S) (Seine-Saint-Denis, 8e) aux affaires culturelles et Le Feur (EPR) (Finistère, 4e) au développement durable, MM. Armand (EPR) (Haute-Savoie, 2e) aux affaires économiques, Barrot (Démocrates) (Yvelines, 2e) aux affaires étrangères, Boudié (EPR) (Gironde, 10e) aux lois, Christophe (Horizons) (Nord, 14e) aux affaires sociales – le rapporteur général étant M. Neuder (DR) (Isère, 7e) –, Jacques (EPR) (Morbihan, 6e) à la défense. On signalera la schizophrénie institutionnelle de M. Barrot, à la fois président de la commission des affaires étrangères et ministre démissionnaire chargé des affaires européennes…

L'élection du président de la commission des finances, M. Coquerel (FI-NFP) (Seine-Saint-Denis, 1re), reconduit, a été la plus suivie. Contrairement à l'usage, tous les groupes, et pas seulement ceux d'opposition, y ont participé, dans un climat tendu. En sus, le rapporteur général, M. de Courson (LIOT) (Marne, 5e), a été élu en bénéficiant, au troisième tour, de la règle selon laquelle, en cas d'égalité, le plus âgé l'emporte (art. 39, al. 5, du RAN). Au final, le couple « président-rapporteur général » est, pour la première fois, composé de membres de groupes d'opposition – même si M. Coquerel a indiqué qu'il démissionnerait si un Premier ministre soutenu par le NFP était nommé par le président de la République.

V. *Assemblée nationale.*

COMMISSIONS D'ENQUÊTE

– *Rapport.* La commission sénatoriale relative à l'électricité a rendu, le 4 juillet, le rapport de son président, M. Delahaye (Essonne) (*Le Monde*, 6-7).

– *Saisine du parquet pour une suspicion de faux témoignage.* Le président Larcher a indiqué au bureau du Sénat, réuni le 17 juillet, que la saisine afférente à la commission d'enquête sur l'influence des cabinets de conseil privés sur les politiques publiques (affaire McKinsey) ne serait pas, selon le procureur de la République près le tribunal judiciaire de Paris, à l'origine d'une poursuite pénale, « les preuves n'ayant pas été jugées suffisantes pour que l'infraction soit constituée » (Senat.fr) (cette *Chronique*, n° 181, p. 160).

V. *Sénat.*

CONSEIL CONSTITUTIONNEL

– *Décisions.* V. *tableau ci-contre.*

4-7 1098 QPC, Protection fonctionnelle des agents publics mis en cause pénalement (*JO*, 5-7). V. *Droits et libertés.*
308 L, Nature juridique de certaines dispositions du code de la route et du code des douanes (*JO*, 5-7). V. *Pouvoir réglementaire.*
2024-54/55/56 ELEC, M. Abraham et autres (*JO*, 5-7). V. *Assemblée nationale.*
10-7 1100 QPC, Absence d'obligation légale d'aviser le curateur ou le tuteur d'un majeur protégé (*JO*, 11-7).
11-7 870 DC, Loi visant à prévenir les ingérences étrangères en France (*JO*, 26-7). V. *Loi* et *ci-dessous.*
24-7 871 DC, Loi visant à prévenir les ingérences étrangères en France (*JO*, 26-7). V. *Loi* et *ci-dessous.*
31-7 58/59 ELEC, Contestation de l'élection de la présidente de l'Assemblée nationale (*JO*, 1-8). V. *Assemblée nationale.*
12-9 1101 QPC, Modalités d'accès au dossier médical (*JO*, 13-9).
1102 QPC, Taxe sur l'exploitation des infrastructures de transport de longue distance (*JO*, 13-9).
59 ELEC, M. Da Cruz (*JO*, 13-9). V. *ci-dessous.*
60 ELEC, Contestation de l'élection de la présidente de l'Assemblée nationale (*JO*, 13-9). V. *Assemblée nationale.*
13-9 6293, 6296 et 6302 SEN, Contentieux des élections sénatoriales (art. LO 136 du code électoral) (*JO*, 14-9). V. *Sénat.*
19-9 1103 QPC, Syndicat national de l'enseignement privé.
20-9 6289 SEN et suiv., Contentieux des élections sénatoriales (*JO*, 21-9). V. *Sénat.*
6288, 6290 à 6298, 6300 à 6304 SEN. V. *Sénat.*
24-9 6337 DR AN et 6370 DR AN/QPC, Demandes de récusation de M. Fabius (*JO*, 25-9). V. *ci-dessous.*
26-9 1104 QPC, Non-lieu à statuer (*JO*, 27-9). V. *Question prioritaire de constitutionnalité.*
27-9 6307 AN et suiv., 6294 SEN et suiv. V. *Sénat.*

– *Demandes de récusation ou quérulence ?* Sans support textuel précis, de telles demandes ont été formulées à l'égard du président Fabius, dans le cadre du contentieux électoral. D'une part (6337 DR AN), l'intéressé n'aurait pas statué sur les demandes d'admission provisoire à l'aide juridictionnelle formulées par le requérant ; d'autre part (6370 DR QPC AN), il se serait entretenu avec la présidente de l'Assemblée nationale avant de participer à la séance au cours de laquelle a été prise la décision du 26 juin 2024 (sur laquelle le Conseil constitutionnel a rejeté des recours tenant à l'annulation des décrets portant dissolution de l'Assemblée et convocation pour les élections législatives). Sans surprise, ces demandes ont été rejetées, le Conseil considérant que de telles circonstances « ne sauraient être regardées comme un motif de récusation ».

– *Déport.* A été ici seulement concerné M. Seners (1101 QPC).

– *Dissolution de l'Assemblée nationale.* Si le Conseil constitutionnel est incompétent pour se prononcer sur le décret de dissolution, comme le rappelle encore sa jurisprudence récente (cette *Chronique*, n° 191, p. 148), il en irait autrement, indique son président, en cas de « violation manifeste de la Constitution, par exemple une nouvelle dissolution décidée moins d'un an avant la précédente » (entretien au *Parisien*, 25-9).

– *Incompétence*. Questionné par une association sur la situation des députés-ministres démissionnaires, le Conseil, par l'entremise de son secrétaire général, dans une lettre en date du 19 juillet, s'est déclaré incompétent.

– *Irrecevabilités*. En premier lieu, la saisine, le 10 juin, de députés dirigée contre une loi est déclarée irrecevable, le mandat des intéressés ayant cessé le 9 juin à la suite du décret de dissolution de l'Assemblée qui a pris effet le même jour (870 DC). Il en va de même à propos d'une nouvelle saisine par des députés fraîchement (ré)élus. En effet, « lorsque le Conseil a rendu une décision en application du deuxième alinéa de l'article 61 de la Constitution, il ne peut être saisi sur ce fondement d'un nouveau recours contre le même texte » (871 DC).

En second lieu est aussi irrecevable la requête qui vise le décret du 9 juin portant convocation pour l'élection des députés et déposée après la tenue du premier tour (59 ELEC).

– *Présidence*. M. Juppé a exercé les fonctions de président lors de la séance du 24 septembre (6337 DR AN et 6370 DR AN/QPC).

V. *Assemblée nationale. Droits et libertés. Pouvoir réglementaire. Question prioritaire de constitutionnalité. Sénat.*

CONSEIL D'ÉTAT

– *Bibliographie. Étude annuelle 2024. La Souveraineté*, Paris, La Documentation française, 2024.

CONSEIL DES MINISTRES

– *Composition*. Sous le gouvernement Barnier, la participation au conseil est demeurée liée à la condition de ministres, selon le critère tautologique (cette *Chronique*, n° 190, p. 161). Les ministres délégués, en dehors de ceux rattachés au Premier ministre, et les secrétaires d'État n'y participent que pour les affaires relevant de leurs attributions.

– *Dernier conseil*. Le président Macron a réuni, le 16 juillet, le gouvernement Attal. Après avoir accepté sa démission, il l'a chargé d'expédier les affaires courantes (*Le Monde*, 18-7).

– *Réunion*. À l'occasion du premier et bref conseil du gouvernement Barnier, le 23 septembre, M. Macron a invité ses membres à avoir « une seule boussole : l'unité du pays et l'intérêt supérieur de la nation ». À son terme, aucune déclaration, aucun compte rendu publié (*Le Figaro*, 24-9).

V. *Gouvernement. Ministres. Premier ministre. Président de la République. République.*

CONSEIL SUPÉRIEUR DE LA MAGISTRATURE

– *Défense de l'État de droit*. « Nous voulons défendre l'indépendance de la justice au bénéfice du justiciable », à rebours de l'idée que « le droit et le juge seraient devenus les ennemis de la démocratie », lit-on dans le rapport annuel du CSM (*Le Monde*, 11-7).

CONSTITUTION

– *Bibliographie.* J.-Ph. Derosier (dir.), *65 ans de la Vᵉ République : une analyse prospective de la Constitution. Propositions du* GRÉCI, Paris, LexisNexis, 2024.

V. *République.*

COUR DE JUSTICE DE LA RÉPUBLIQUE

– *Commission d'instruction.* Mme Oudéa-Castéra a été renvoyée, le 4 juillet, devant la formation de jugement de la Cour, pour diffamation envers un particulier consécutive à une plainte déposée en avril 2023 par M. Le Graët, ex-président de la Fédération française de football (cette *Chronique*, n° 190, p. 163).

V. *Ministres.*

DÉONTOLOGIE

– *Déport.* En application du décret du 26 septembre (*JO*, 27-9), Mme Dati, ministre de la Culture, ne connaît pas des actes de toute nature relatifs spécifiquement aux personnes, physiques ou morales, qu'elle a eues pour clientes dans le cadre de son activité d'avocate.

– *Publication des déclarations des membres de gouvernement.* Les déclarations de patrimoine, d'intérêts et d'activité des membres du gouvernement Attal, d'une part, et celles de fin de fonctions de personnes ayant quitté le gouvernement Borne en janvier, d'autre part, ont été rendues publiques sur le site de la HATVP, le 8 juillet. La Haute Autorité a souligné que neuf ministres ont déposé les leurs après expiration du délai légal.

V. *Ministres.*

DROIT CONSTITUTIONNEL

– *Bibliographie.* Ph. Ardant et B. Mathieu, *Droit constitutionnel et institutions politiques*, 36ᵉ éd., Paris, LDGJ, 2024 ; P. Avril et J. Gicquel, *Lexique de droit constitutionnel*, 7ᵉ éd., Paris, PUF, 2024 ; P. Brunet, Fr. Hamon et M. Troper, *Droit constitutionnel*, 45ᵉ éd., Paris, LGDJ, 2024 ; J. Gicquel et J.-É. Gicquel, *Droit constitutionnel et institutions politiques*, 38ᵉ éd., Paris, LGDJ, 2024 ; G. Toulemonde, *L'Essentiel des institutions de la Vᵉ République*, 12ᵉ éd., Paris, Gualino, 2024 ; *id.* et I. Thumerel, *L'Essentiel des principes fondamentaux de droit constitutionnel*, 12ᵉ éd., Paris, Gualino, 2024 ; G. Tusseau, *Droit constitutionnel et institutions politiques*, 7ᵉ éd., Paris, Seuil, 2024.

DROITS ET LIBERTÉS

– *Droits de la défense (art. 16 de la Déclaration de 1789).* En ne prévoyant pas, dans le cadre d'une saisie immobilière d'un bien dont le propriétaire est un majeur protégé, que le magistrat soit tenu d'avertir son curateur ou tuteur afin de lui permettre d'être assisté dans l'exercice de ses droits, l'article 706-150 du code de procédure pénale est contraire à l'article 16 de la Déclaration (1100 QPC).

– *Liberté d'association.* Le Conseil d'État a suspendu, le 10 juillet, la dissolution du mouvement d'ultragauche Defco, prononcée en avril, des preuves suffisantes de risques à l'ordre public n'ayant pas été apportées par le ministère de l'Intérieur (*Le Monde*, 12-7).

– *Principe d'égalité (art. 6 de la Déclaration de 1789).* Méconnaît ce principe la disposition législative prévoyant que la protection fonctionnelle est accordée à un agent public mis en cause pénalement et entendu en qualité de témoin assisté ou placé en garde à vue, tandis que la solution contraire prévaut lorsque l'agent est entendu sous le régime de l'audition libre. Ce régime différencié est sans rapport avec l'objet de la loi visant à accorder le bénéfice de la protection fonctionnelle aux agents publics dans toutes les situations où leur est reconnu le droit à l'assistance d'un avocat (ce qui est le cas aussi lors d'une audition libre) (1098 QPC).

V. *Conseil constitutionnel. République.*

ÉLECTIONS LÉGISLATIVES

– *Attribution du pouvoir.* Faisant suite au décret du 9 juin 2024 portant dissolution de l'Assemblée nationale (cette *Chronique*, n° 191, p. 156), ces élections ont été régénérées (voire métamorphosées) au titre du parlementarisme restauré, dont le processus avait été entamé en juin 2022. En l'occurrence, le synchronisme, ou le couplage, inhérent au quinquennat entre les scrutins présidentiel et législatif a été rompu, entraînant la fin du présidentialisme, faute pour le chef de l'État de disposer d'une majorité parlementaire. Dès lors, le scrutin législatif, hier simple scrutin de confirmation marqué par une forte abstention, a recouvré son autonomie et sa plénitude par rapport au scrutin présidentiel, auquel il était subordonné.

Le nouvel échec de la dissolution, après celui de 1997, a discrédité à l'avenir cette disposition, d'autant qu'elle frappe dans ses œuvres vives la Constitution de 1958, à l'image de la translation de la bipolarisation à la tripartition. Le caractère baroque des élections s'est manifesté avec la nomination de M. Barnier (LR) au poste de Premier ministre et la formation de son gouvernement minoritaire, en contradiction avec l'expression du suffrage universel.

– *Candidats.* En raison de la brièveté de la campagne électorale, la plus courte de la Vᵉ République, validée par le Conseil constitutionnel (cette *Chronique*, n° 191, p. 148), le nombre de candidats, dont 96 % des députés sortants, *grosso modo* quatre mille, a été limité par rapport au scrutin de 2022, soit sept par circonscription. Des membres du gouvernement, au nombre de vingt-quatre, sont entrés en lice. Aucun d'entre eux ne sera élu à l'issue du premier tour ; dix-sept le seront au second.

– *Engagement et irresponsabilité présidentiels.* À l'origine de la dissolution de l'Assemblée nationale, M. Macron est intervenu dans la campagne électorale, pour mémoire, en présentant le programme de son camp et dénonçant ceux des extrêmes, tout en dissociant des résultats des élections sa propre condition (lettre aux Français du 24 juin) (cette *Chronique*, n° 191, p. 161).

– *Participation.* À rebours de la logique présidentialiste marquée par l'abstention, au premier tour, le 30 juin, les électeurs ont fortement participé, cette fois-ci, au scrutin législatif. Un niveau de mobilisation accordé à l'enjeu de l'élection : 66,7 % au premier tour et 66,6 % au second.

– *Résultats.* Le sens du scrutin majoritaire a été respecté : ceux-ci ont été contrastés (v. *tableau ci-après*) et la tripartition du corps électoral confirmée.

I. Au premier tour, l'élan du Rassemblement national enregistré lors du scrutin européen (cette *Chronique*, n° 191, p. 159) s'est, d'une manière évidente, manifesté, trois semaines plus tard, avec 29,3 % des suffrages recueillis, devant le Nouveau Front populaire (28,1 %), Ensemble ! (le camp présidentiel) (20,0 %) et Les Républicains (6,6 %). Par suite, les candidats RN sont arrivés en tête dans la majorité des circonscriptions, à l'exception de Paris et de l'Ouest, notamment en Mayenne. Sur les 76 députés élus dès le premier tour, contre 5 en 2022, plus de la moitié relèvent de cette obédience, à l'instar de Mme Le Pen (Pas-de-Calais, 11e) et de M. Chenu (Nord, 19e). Le secrétaire national du PCF, M. Roussel, est éliminé par l'un des siens (Nord, 20e). Au-delà, ils ont franchi aisément le seuil d'accès au second tour (12,5 % des électeurs inscrits) (*Le Monde*, 2-7 ; *Le Figaro*, 1er-7) en recueillant près de 10 millions de voix, qui les font membres du premier parti de France, et 32,1 % des suffrages exprimés au second tour.

II. La technique éliminatoire du ballottage, le 7 juillet, s'est pleinement manifestée, le RN étant à la porte du pouvoir. À cette occasion, le front républicain destiné à faire barrage à ce dernier, abandonné en 2022, s'est reconstitué, au point de revêtir quasiment un aspect référendaire. La logique du désistement a réduit, en conséquence, le nombre de triangulaires de 306 à 89. Faute d'allié, hormis des LR ralliés à M. Ciotti, cent cinquante-quatre candidats RN parvenus en tête au premier tour ont été éliminés au second, à l'image de M. Albéric Ferrand (Aube, 2e). L'obstacle a bénéficié, en raison du bon report de voix, aux candidats du NFP et à ceux du camp présidentiel, M. Darmanin (Nord, 10e) et Mme Borne (Calvados, 6e), par exemple, ayant été élus grâce à la gauche.

Au total, d'une manière paradoxale, les extrêmes ont progressé : le NFP recueille 178 sièges (+ 47) ; le RN et ses alliés, 142 (+ 53). Le camp présidentiel a été désavoué par les électeurs, n'obtenant que 150 sièges (– 95). Soit une assemblée plus éclatée que la précédente, aucun des trois blocs ne disposant de la majorité. La « clarification » recherchée par M. Macron s'est donc soldée en confusion. Et même par un imbroglio : tout ça pour ça, est-on tenté d'opiner, à la suite de l'erreur stratégique commise par ce dernier, qui a « joué avec la France », selon l'expression du président Larcher, et plus encore avec la démocratie. Au nom du NFP, M. Mélenchon a revendiqué son droit à gouverner, le soir du scrutin (*Le Monde*, 9-7).

Au total, d'une manière surprenante et inquiétante pour la démocratie, la formation du gouvernement Barnier sera la victoire des perdants (ex-majorité présidentielle et LR), désormais sous le contrôle du RN. Tout change pour ne rien changer, selon une expression commode, à l'image de ce retournement de situation.

– *Vote sanction.* Pour la troisième fois depuis juin 2022 (cette *Chronique*, n° 183, p. 164), le peuple a infligé un désaveu au chef de l'État, à la suite des élections européennes, sans que celui-ci en assume, pour autant, la responsabilité. *Quid* du dernier mot du peuple souverain ?

Élections législatives des 30 juin et 7 juillet 2024

PREMIER TOUR			
Inscrits	49 332 709		
Votants	32 908 657	(66,71 %)	
Blancs	582 908		
Nuls	267 803		
Exprimés	32 057 946		

Partis	*voix*	*%*	*sièges*
Rassemblement national	9 379 092	29,26	37
Union de la gauche	8 995 226	28,06	32
Ensemble !	6 425 707	20,04	2
Les Républicains	2 106 166	6,57	1
Union de l'extrême droite	1 268 822	3,96	1
Divers droite	1 154 785	3,60	2
Divers gauche	490 898	1,53	0
Divers centre	391 423	1,22	0
Extrême gauche	366 594	1,14	0
Régionaliste	310 727	0,97	0
Reconquête !	238 934	0,75	0
Horizons	231 667	0,72	0
Écologistes	182 478	0,57	0
Union des démocrates et indépendants	163 072	0,51	0
Divers	142 871	0,45	0
Droite souverainiste	90 110	0,28	0
Extrême droite	59 679	0,19	1
Parti socialiste	29 242	0,09	0
Parti radical de gauche	12 434	0,04	0
La France insoumise	12 224	0,04	0
Parti communiste français	3 125	0,01	0
Les Écologistes	2 668	0,01	0

SECOND TOUR			
Inscrits	43 328 508		
Votants	28 867 759	(66,63 %)	
Blancs	1 195 089		
Nuls	392 957		
Exprimés	27 279 713		

Partis	*voix*	*%*	*sièges*
Rassemblement national	8 744 080	32,05	88
Union de la gauche	7 004 725	25,68	146
Ensemble !	6 313 808	23,14	148
Les Républicains	1 474 650	5,41	38
Union de l'extrême droite	1 364 964	5,00	16
Divers droite	980 818	3,60	25
Divers gauche	401 063	1,47	12
Régionaliste	288 202	1,06	9
Horizons	258 139	0,95	6

Divers centre	177 167	0,65	6
Union des démocrates et indépendants	119 672	0,44	3
Divers	38 025	0,14	1
Écologistes	37 808	0,14	1
Parti socialiste	26 343	0,10	2
Extrême droite	23 217	0,09	0
Droite souverainiste	18 672	0,07	0
La France insoumise	8 361	0,03	0

SOURCE : Ministère de l'Intérieur.

GOUVERNEMENT

– *Bibliographie.* P. Gérard, *L'Administration de l'État*, 6e éd., Paris, LexisNexis, 2024 ; P. Avril, « Le président manque aux devoirs de sa charge », JusPoliticum.com, 15-7 ; D. Cosnard, « Les limites de la gestion des "affaires courantes" », *Le Monde*, 24-8 ; F. Melleray, « L'expédition des affaires courantes par le gouvernement », *AJDA*, 2024, p. 1634 ; S. de Royer, « Le grand retournement », *Le Monde*, 24-9 ; Fr. Sawicki, « Le Rassemblement national, maître des horloges gouvernementales » (tribune), *Le Monde*, 8/9-9.

– *Cumul avec la fonction d'un exécutif local.* La règle politique, à défaut de prescription constitutionnelle, interdisant un tel cumul a été de fait écartée, comme pour Mme Dati en janvier 2024, pour les ministres délégués du gouvernement Barnier, avec le maintien à la tête du conseil départemental de l'Essonne de M. Durovray (transports) et des mairies de Lorient de M. Loher (mer et pêche), de Châteauroux de M. Avérous (sports) et de Valence de M. Daragon (sécurité du quotidien) (*BQ*, 23-9).

– *Démission du gouvernement Attal.* Conformément à la tradition républicaine, le Premier ministre a présenté, au lendemain du second tour des élections législatives, le 8 juillet, au chef de l'État sa démission et celle de son gouvernement. Cette démarche a été refusée « pour le moment » en vue de « la stabilité du pays » (*Le Monde*, 18-7) et acceptée ultérieurement (décret du 16 juillet) (*JO*, 17-7), deux jours avant la réunion de la nouvelle Assemblée nationale. Entre-temps, le gouvernement, chargé de la gestion des affaires courantes et urgentes, a cessé d'être un gouvernement de plein exercice.

– *Les pouvoirs du gouvernement Attal démissionnaire.* Limité dans le temps et dans son exercice, le gouvernement a assuré, pendant les Jeux olympiques et paralympiques, « la continuité de la vie nationale » (111 DC du 30 décembre 1979). En clair, il a concouru à la marche normale de l'État, de son administration, en tenant compte, au demeurant, des circonstances, en application de la théorie de l'expédition des affaires courantes jusqu'à son remplacement effectif. Pour mémoire, les modalités de ce régime juridique bien connu sous la IVe République – « principe traditionnel de droit public » (CE, Ass., 4 avril 1952, *Syndicat régional des quotidiens d'Alger*) – ont été détaillées par une note du Secrétariat général du gouvernement en date du 2 juillet (*Le Monde*, 24-8).

I. S'agit-il des affaires courantes « dictées par une forme d'évidence », selon le Secrétariat général du gouvernement, en dehors de mesures d'admission à la retraite de fonctionnaires, de cessation de fonction dans les cabinets ministériels et d'actes de procédure de police administrative, on mentionnera, à la façon d'un échantillon : nominations d'ambassadeurs en Arabie saoudite et en Mongolie (décrets des 19 juillet et 31 août) ; de membres du corps préfectoral, notamment la sous-préfète de Bar-sur-Aube (décret du 23 août) ; de magistrats (décrets des 2 et 21 août) ; des membres du jury d'agrégation de science politique (arrêté du 22 juillet) ; de présidents de tribunaux administratifs et de cours administratives d'appel, ainsi que de l'administrateur du Théâtre national de l'Odéon (décrets du 18 juillet).

Au surplus, l'affectation d'officiers généraux a été concernée (décret du 22 juillet), voire le changement de noms de commune (décret du 8 août), sans perdre de vue la publication d'un accord franco-allemand portant création d'une compagnie de gendarmerie fluviale sur le Rhin (décret du 12 août). Reste le cas pratique des contribuables… avisés par l'administration fiscale.

II. S'agit-il des affaires urgentes, à titre démonstratif, le décret du 17 juillet a été afférent à l'aide apportée aux entreprises particulièrement touchées par la récente crise en Nouvelle-Calédonie, à l'égal de celui du 30 juillet sur le régime de l'assurance chômage ou de l'arrêté du 22 juillet portant reconnaissance d'un état de catastrophe naturelle. Pour sa part, le Premier ministre a pris, afin de respecter le calendrier budgétaire, des mesures préparatoires au projet de loi de finances de l'année, le 20 août (envoi des lettres plafonds).

– *Nomination du gouvernement Barnier.* Le quarante-cinquième gouvernement de la Ve République, le cinquième sous la présidence de M. Macron, a été nommé, au terme d'un délai inhabituel de seize jours, par décret du 21 septembre (*JO*, 22-9). Un délai exceptionnel à l'égal de son caractère inédit, celui d'un gouvernement de coalition entre les formations du camp présidentiel (Renaissance, MoDem et Horizons) et le parti LR, rebaptisé La Droite républicaine, lequel a retrouvé le pouvoir quitté en 2012. Une étrange revanche en a résulté : l'absence d'une majorité à l'issue du scrutin législatif a donné lieu à un renversement de situation politique à l'encontre de la volonté exprimée par les électeurs. Le bloc central écarté conserve néanmoins le pouvoir, minoritaire, avec le groupe LR, groupe d'appoint à l'Assemblée nationale (47 députés), mais majoritaire au Sénat, appelé à jouer un rôle ascendant. À défaut d'une majorité, le gouvernement Barnier reposera sur un « socle commun », selon la formule du Premier ministre, soit entre 220 et 230 députés, en y intégrant le groupe LIOT, promu au rang de groupe réservoir, et la bienveillance du Rassemblement national, rejeté par les électeurs le 7 juillet.

I. Nommé Premier ministre le 5 septembre, M. Barnier n'a formé son gouvernement – au complet, il est vrai, à l'opposé de la pratique antérieure (cette *Chronique*, n° 190, p. 168) – que le 21 courant, soit un délai inédit de seize jours sous la Ve République, sans préjudice du contrôle opéré par la HATVP. Mais, à la réflexion, un délai normal pour un gouvernement de coalition découlant d'une négociation politique et juridique, de tensions et tractations. M. Barnier a consulté, notamment à l'occasion des journées parlementaires du camp présidentiel et de sa famille politique. En application de l'article 8, alinéa 2 C, il a pu adresser une première liste de propositions de nominations au président de la République, le 17 septembre. Celui-ci y a opposé son veto, considérant que ses partisans étaient sous-représentés par rapport aux membres de LR. M. Barnier a provoqué, le 19 courant, une réunion spécifique avec ses partenaires, avant de présenter une deuxième liste accompagnée d'une lettre de démission, dont la teneur a été révélée (*Le Monde*, 24-9), en cas d'un nouveau refus présidentiel. Hors le cas de quelques personnes, dont celui de Mme Garnier, sénatrice (LR) de Loire-Atlantique, dont la nomination avait été envisagée à la Famille, provoquant un nouveau veto du chef de l'État, une troisième liste, au prix d'ultimes ajustements, a été transmise le 20 et acceptée en définitive.

II. Amorcée sous le gouvernement Attal, l'orientation résolument à droite, pour s'en tenir aux ministres de plein exercice, a été amplement confirmée par son successeur, avec l'entrée du parti La Droite républicaine : dix ministères, dont celui, emblématique, de l'Intérieur, confié à M. Retailleau, président du groupe sénatorial. Le camp présidentiel a conservé douze portefeuilles, dont trois pour le MoDem et deux pour Horizons (l'Économie, la Transition écologique et l'Éducation nationale). La gauche sociale-démocrate est représentée par M. Migaud, qui accède à la chancellerie et occupe le second rang protocolaire. Ce gouvernement « républicain, progressiste et européen », selon la déclaration de son chef en conseil des ministres, a suscité néanmoins, en raison de son caractère conservateur, les appréhensions de MM. Bayrou et Attal, ce dernier demandant une garantie pour l'exercice des libertés sociétales ; M. Barnier s'en est proclamé « le rempart » (entretien sur France 2, 22-9). Bref, un gouvernement de coalition sans signature, pour autant, d'un pacte de coalition, ce qui le fragilise.

III. S'agissant de l'architecture gouvernementale, les périmètres ministériels ont été aménagés. De manière significative, le Premier ministre, sans préjudice de ses attributions constitutionnelles (art. 21 et 39 C), se taille un domaine d'action innovant, tel Raymond Barre qui, entre 1976 et 1978, cumula avec la fonction de « ministre » de l'Économie et des Finances. À cet égard, des domaines sensibles ressortissent directement à son autorité, avec deux ministres « auprès » de lui, selon une terminologie révélatrice, pour les outre-mer et le budget et les comptes publics, et de quatre ministres délégués : Europe, relations avec le Parlement, porte-parole du gouvernement et coordination gouvernementale, sorte d'instance spécifique de gouvernement de coalition (whip ?). Au surplus, la citadelle de Bercy a été scindée, amputée du budget, de l'énergie et du commerce extérieur ; le superministère du Travail, de la Santé et des Solidarités est démantelé en trois ministères, même si celui du Partenariat avec les territoires et de la Décentralisation, confié à Mme Vautrin, s'en inspire. Dans le même ordre de considération, le ministère de l'Éducation nationale a été comme partagé entre une ministre de plein exercice et un ministre délégué chargé de la réussite scolaire et de l'enseignement professionnel, la jeunesse étant rattachée aux sports. Les outre-mer sont émancipés du ministère de l'Intérieur pour être rattachés, selon une formule particulière, à l'hôtel de Matignon ; le ministre de l'Enseignement supérieur disposera d'une secrétaire d'État chargée de l'intelligence artificielle et du numérique.

IV. L'origine des nouveaux membres du gouvernement, pour l'essentiel, s'est trouvée diversifiée. Sans préjudice du Premier ministre, non-parlementaire en l'état, et du garde des Sceaux et ministre de la Justice, M. Migaud, qui présidait la HATVP depuis 2020, après avoir été premier président de la Cour des comptes, six anciens ministres démissionnaires demeurent au gouvernement, avec des attributions identiques (Mme Dati à la Culture, MM. Lecornu aux Armées et Barrot à l'Europe, promu de ministre délégué à ministre de plein exercice) ou nouvelles (Mmes Vautrin au Partenariat avec les territoires, Ferrari à l'Économie du tourisme et M. Kasbarian à la Fonction publique). Au surplus, dix-sept députés sont appelés à siéger : MM. Armand (Haute-Savoie, 2e), Barrot (Yvelines, 2e), Christophe (Nord, 14e), Ferracci (Français de l'étranger, 6e), Hetzel (Bas-Rhin, 7e, Kasbarian (Eure-et-Loir, 1re), Portier (Rhône, 9e), Mmes Bregeon (Hauts-de-Seine, 13e), Darrieussecq (Landes, 1re), Giverney (Ain, 3e), Genevard (Doubs, 5e), Genetet (Français de l'étranger, 11e), Ferrari (Savoie, 1re), Létard (Nord, 21e), Pannier-Runacher (Pas-de-Calais, 2e), Panosyan-Bouvet (Paris, 4e) et Poussier-Winsback (Seine-Maritime, 9e). Parmi ceux-ci, on relève trois présidents de commission : MM. Armand (affaires économiques), Barrot (affaires étrangères) et Christophe (affaires sociales), et une vice-présidente (DR) de l'Assemblée, Mme Genevard.

De manière spectaculaire, neuf sénateurs LR ont été nommés, alors qu'avec le départ de M. Lemoine (Yonne) lors de la formation du gouvernement Borne, en 2022, le lien avait été rompu avec la Haute Assemblée (cette *Chronique*, n° 183, p. 169). Certes, le sort de M. Mézard et Mme Gourault, nommés au Conseil constitutionnel, était enviable. Désormais, M. Retailleau (Vendée), président du groupe LR, la personnalité politique la plus en vue du gouvernement, est place Beauvau… comme jadis Clemenceau, autre Vendéen. M. Buffet (Rhône), président de la commission des lois, prend en charge, « auprès du Premier ministre », les outre-mer, et M. Soilihi (Mayotte) la francophonie, simultanément à Mmes Canayer (Seine-Maritime), Carrère-Gée (Paris), Delattre (Gironde), Garnier (Loire-Atlantique), Gatel (Ille-et-Vilaine) et Primas (Yvelines), vice-présidente.

Des élus locaux ont été également sollicités (v. *supra*).

Reste le cas de personnalités venues de la société civile : M. Saint-Martin (ancien député) au budget et Mme Chappaz à l'intelligence artificielle.

V. Quittent, à l'opposé, le gouvernement MM. Attal, Darmanin, Dupond-Moretti, Fesneau, Le Maire et notre collègue Mme Belloubet, entre autres.

VI. Comme naguère (cette *Chronique*, n° 190, p. 166), la parité entre les femmes et les hommes est respectée du seul point de vue numérique. En revanche, huit femmes sur dix-huit sont ministres de plein exercice, hors fonction régalienne, doit-on relever ; elles sont majoritaires parmi les ministres délégués et secrétaires d'État. Dans l'ordre protocolaire, Mme Vautrin occupe le troisième rang. D'un autre point de vue sociologique, la moyenne d'âge au sein du gouvernement est de 52,5 ans, du doyen, le Premier ministre (73 ans), au benjamin, M. Armand qui, à 33 ans, est devenu le plus jeune ministre de l'Économie et des Finances, privilège détenu jusqu'alors par M. Giscard d'Estaing, nommé à 36 ans à cette éminente fonction, en 1962.

VII. En dernier lieu, le gouvernement Barnier compte quarante membres (Premier ministre inclus), contre trente-cinq auparavant (cette *Chronique*, n° 190, p. 168) (v. *encadré ci-après*) : dix-neuf ministres de plein exercice, quinze ministres délégués et cinq secrétaires d'État, dont les implantations géographiques sont plus équitablement réparties que dans le précédent (dit gouvernement francilien), à l'exclusion des régions méridionales (Occitanie, PACA et Corse). Deux ministres sont élus des Français de l'étranger, Mme Genetet (Éducation nationale) et M. Ferracci (délégué à l'industrie) (*BQ*, 23-9).

VIII. Le gouvernement Attal, démissionnaire au cours d'une période de soixante-sept jours (16 juillet-21 septembre 2024), détient désormais le record de longévité de la Ve République en la matière, avec cette particularité d'un changement, le 5 septembre, de Premier ministre. Le gouvernement Pompidou, pour sa part, était demeuré aux affaires cinquante-quatre jours (5 octobre-28 novembre 1962) après sa censure par l'Assemblée nationale ; entre-temps, il avait organisé un référendum et des élections législatives. Étrange théorie des affaires courantes, à la réflexion ?

– *Remaniement.* Par décret du 27 septembre, deux ministres délégués ont été nommés, afin de remédier à un oubli, aux anciens combattants auprès du ministre des Armées et aux handicapés auprès de celui des Solidarités (*JO*, 28-9), respectivement M. Jean-Louis Thiériot, député (DR) (Seine-et-Marne, 3e), et Mme Charlotte Parmentier-Lecocq, députée (Horizons et indépendants) (Nord, 6e).

– *Réunion du gouvernement démissionnaire.* À l'initiative de M. Attal, une telle réunion s'est tenue à l'hôtel de Matignon, le 31 juillet. Le Premier ministre était entouré par M. Darmanin (sans cravate) et par son directeur de cabinet.

– *Séminaire.* M. Barnier a réuni en cette formation les membres du gouvernement à l'hôtel de Matignon, le 27 septembre (*Le Figaro*, 28-9), en vue de la préparation de sa déclaration de politique générale devant l'Assemblée nationale, le 1er octobre. Les deux nouveaux ministres délégués (décret du 27 septembre) ont rejoint leurs collègues. À l'issue du séminaire, en l'absence du président de la République, comme en temps de cohabitation, la « photo de famille » du gouvernement a été prise sur le perron de l'hôtel de Matignon (*Le Figaro*, 28-9).

Composition du gouvernement Barnier

Premier ministre
Michel Barnier

Ministres
Didier Migaud, garde des Sceaux, ministre de la Justice
Catherine Vautrin, ministre du Partenariat avec les territoires et de la Décentralisation
Bruno Retailleau, ministre de l'Intérieur
Anne Genetet, ministre de l'Éducation nationale
Jean-Noël Barrot, ministre de l'Europe et des Affaires étrangères
Rachida Dati, ministre de la Culture
Sébastien Lecornu, ministre des Armées et des Anciens combattants
Agnès Pannier-Runacher, ministre de la Transition écologique, de l'Énergie, du Climat et de la Prévention des risques
Antoine Armand, ministre de l'Économie, des Finances et de l'Industrie
Geneviève Darrieussecq, ministre de la Santé et de l'Accès aux soins
Paul Christophe, ministre des Solidarités, de l'Autonomie et de l'Égalité entre les femmes et les hommes
Valérie Létard, ministre du Logement et de la Rénovation urbaine
Anne Genevard, ministre de l'Agriculture, de la Souveraineté alimentaire et de la Forêt
Astrid Panosyan-Bouvet, ministre du Travail et de l'Emploi

Gil Avérous, ministre des Sports, de la Jeunesse et de la Vie associative
Patrick Hetzel, ministre de l'Enseignement supérieur et de la Recherche
Guillaume Kasbarian, ministre de la Fonction publique, de la Simplification et de la Transformation de l'action publique
François-Noël Buffet, ministre auprès du Premier ministre, chargé des outre-mer
Laurent Saint-Martin, ministre auprès du Premier ministre, chargé du budget et des comptes publics

Ministres délégués
Benjamin Haddad, auprès du Premier ministre et du ministre de l'Europe et des Affaires étrangères, chargé de l'Europe
Nathalie Delattre, auprès du Premier ministre, chargée des relations avec le Parlement
Maud Bregeon, auprès du Premier ministre, porte-parole du gouvernement
Marie-Claire Carrère-Gée, auprès du Premier ministre, chargée de la coordination gouvernementale
Françoise Gatel, auprès de la ministre du Partenariat avec les territoires et de la Décentralisation, chargée de la ruralité, du commerce et de l'artisanat
François Durovray, auprès de la ministre du Partenariat avec les territoires et de la Décentralisation, chargé des transports
Fabrice Loher, auprès de la ministre du Partenariat avec les territoires et de la Décentralisation, chargé de la mer et de la pêche
Nicolas Daragon, auprès du ministre de l'Intérieur, chargé de la sécurité du quotidien
Alexandre Portier, auprès de la ministre de l'Éducation nationale, chargé de la réussite solaire et de l'enseignement professionnel
Sophie Primas, auprès du ministre de l'Europe et des Affaires étrangères, chargée du commerce extérieur et des Français de l'étranger
Olga Givernet, auprès de la ministre de la Transition écologique, de l'Énergie, du Climat et de la Prévention des risques, chargée de l'énergie
Marc Ferracci, auprès du ministre de l'Économie, des Finances et de l'Industrie, chargé de l'industrie
Marie-Agnès Poussier-Winsback, auprès du ministre de l'Économie, des Finances et de l'Industrie, chargée de l'économie sociale et solidaire, de l'intéressement et de la participation
Marina Ferrari, auprès du ministre de l'Économie, des Finances et de l'Industrie, chargée de l'économie du tourisme
Agnès Canayer, auprès du ministre des Solidarités, de l'Autonomie et de l'Égalité entre les femmes et les hommes, chargée de la famille et de la petite enfance

SECRÉTAIRES D'ÉTAT

Othman Nasrou, auprès du ministre de l'Intérieur, chargé de la citoyenneté et de la lutte contre les discriminations

Thani Mohamed Soilihi, auprès du ministre de l'Europe et des Affaires étrangères, chargé de la francophonie et des partenariats internationaux

Laurence Garnier, auprès du ministre de l'Économie, des Finances et de l'Industrie, chargée de la consommation

Salima Saa, auprès du ministre des Solidarités, de l'Autonomie et de l'Égalité entre les femmes et les hommes, chargée de l'égalité entre les femmes et les hommes

Clara Chappaz, auprès du ministre de l'Enseignement supérieur et de la Recherche, chargée de l'intelligence artificielle et du numérique

SOURCE : *Journal officiel*.

V. *Assemblée nationale. Conseil des ministres. Gouvernement. Loi de finances. Ministres. Premier ministre. Président de la République. République.*

GROUPES

– *Appellation.* Les groupes Écologiste, Renaissance, La France insoumise, Les Républicains et À droite (issu d'une scission avec LR) sont désormais dénommés respectivement « Écologiste et social », « Ensemble pour la République » (EPR), « La France insoumise-Nouveau Front populaire » (FI-NFP), « Droite républicaine » (DR) et « Union des droites pour la République » (UDR).

– *Place dans l'hémicycle de l'Assemblée nationale.* Le groupe Démocrates de M. Bayrou change de place. Ses membres siégeront dorénavant, non plus à droite, mais à gauche de leurs collègues du camp présidentiel. « J'ai voulu montrer qu'on était centraux, y compris physiquement », a déclaré M. Fesneau, leur président (*La Tribune Dimanche*, 8-9).

– *Présidence.* Ont été élus ou réélus, en juillet, les présidents de groupe à l'Assemblée nationale : Mmes Chatelain (Écologiste et social) (Isère, 2e), Le Pen (RN) (Pas-de-Calais, 11e), Panot (FI-NFP) (Val-de-Marne 10e), MM. Attal (EPR) (Hauts-de-Seine, 10e) et Fesneau (Démocrates) (Loir-et-Cher, 1re) – une fonction que les deux intéressés ont obtenue alors qu'ils étaient toujours membres du gouvernement –, Chassaigne (GDR) (Puy-de-Dôme, 3e), Ciotti (À droite) (Alpes-Maritimes, 1re), Lenormand (LIOT) (Saint-Pierre-et-Miquelon, 1re), Marcangeli (Horizons et indépendants) (Corse-du-Sud, 1re), Vallaud (S) (Landes, 3e) et Wauquiez (DR) (Haute-Loire, 1re).

– *Rencontre avec le Premier ministre.* En vue de sa déclaration de politique générale, M. Barnier s'est rendu, le 25 septembre, devant les groupes de l'Assemblée nationale.

– *Répartition.* La logique inflationniste perdure, avec onze groupes constitués le 18 juillet. Sont ainsi présents les groupes RN (126 membres dont trois apparentés) ; Ensemble pour la République (ex-Renaissance) (99 dont douze apparentés) ; FI-NFP (72 dont un apparenté) ; Socialistes et apparentés (66 dont quatre apparentés) ; Droite républicaine (ex-LR) (47 dont six apparentés) ; Écologiste et social (38) ; Démocrates (36 dont un apparenté) ; Horizons et indépendants (31 dont cinq apparentés) ; LIOT (21) ; GDR (17) ; À droite (futur UDR) (16). Enfin, 8 députés sont non-inscrits.

Le premier changement est intervenu le 30 juillet. Mme de Pelichy (Loiret, 3e), non-inscrite, a rejoint le groupe LIOT. L'hémorragie semble commencer pour EPR : départs de Mme Parmentier-Lecocq (Nord, 6e) et M. Roseren (Haute-Savoie, 6e) pour le groupe Horizons, le 11 septembre ; inscription de Mme Errante (Loire-Atlantique, 10e) chez les non-inscrits, le 19 courant.

Enfin, en juillet, huit groupes se sont déclarés d'opposition (À droite, Droite républicaine, Écologiste et social, GDR, FI-NFP, LIOT, S et RN – soit le groupe arithmétiquement le plus étoffé). Sont considérés comme minoritaires Démocrates ainsi qu'Horizons et indépendants ; quant à Ensemble pour la République, il est le groupe dit majoritaire avec seulement 99 membres (97, le 11 septembre). Nul doute que des évolutions seront visibles au gré de l'environnement politique atypique que nous connaissons actuellement.

V. *Assemblée nationale. Élections législatives.*

IMMUNITÉ PARLEMENTAIRE (ART. 26 C)

– *Accident de circulation.* M. Ratenon (FI-NFP) (Réunion, 5e) a fait l'objet, le 28 août, d'une suspension administrative de son permis de conduire. Il sera jugé sur le fond en janvier 2025.

– *Condamnation de C8.* L'amende record de 3,5 millions d'euros prononcée par l'Arcom en raison des insultes proférées, en novembre 2022 (cette *Chronique*, n° 185, p. 176), par l'animateur M. Hanouna à l'encontre de M. Boyard, député (FI) (Val-de-Marne, 3e), a été confirmée par le Conseil d'État, le 10 juillet.

– *Levée de l'immunité.* Celle-ci a été décidée par le bureau du Sénat, le 17 juillet, à l'égard de M. Brault (Indépendants) (Loir-et-Cher) pour des faits en lien avec la construction de sa résidence principale sur un terrain en zone protégée à l'époque où l'intéressé présidait une communauté de communes.

– *Mise en examen.* Mme Chikirou (FI) (Paris, 6e) en a fait l'objet, le 24 septembre, pour escroquerie aggravée et abus de bien sociaux dans l'enquête sur les comptes de campagne de M. Mélenchon pour l'élection présidentielle de 2017.

V. *Assemblée nationale.*

IRRECEVABILITÉ FINANCIÈRE (ART. 40 C)

– *Examen de la proposition de loi relative à l'âge de départ à la retraite.* La saga continue (cette *Chronique*, n° 191, p. 163). Les deux membres du bureau provisoirement chargés d'examiner la recevabilité financière de ladite proposition n'ayant pas réussi à adopter une position commune, le bureau s'est prononcé en plénum, le 18 septembre. Contrairement à ce qu'il avait décidé sous la précédente législature (cette *Chronique*, n° 186, p. 163), il l'a déclarée recevable au regard de l'article 40 C (par dix voix contre sept) nonobstant, d'une part, la compensation entre les dépenses et les recettes et, d'autre part, le caractère irrésistible de cette compensation.

V. *Assemblée nationale.*

Loi

– *Bibliographie.* Sénat, « L'examen et le vote des lois par le Parlement – Perspectives comparées en Europe », *Étude de législation comparée*, n° 335, 2024.

– *Promulgation.* La loi 2024-850 du 25 juillet visant à prévenir les ingérences étrangères en France a été promulguée, la seule sur le trimestre, après déclarations de conformité rendues par le Conseil constitutionnel (870 et 871 DC) (*JO*, 26-7).

Loi de finances

– *Bibliographie.* « Le contrôle de constitutionnalité des lois financières » (dossier), *Titre VII*, hors-série, 2024 (en ligne).

– *Contrôle sur place et sur pièces.* Tandis que celui-ci a été effectué sans difficulté particulière, le 12 septembre, dans les locaux de la Ligue de football professionnel, par la commission d'enquête sénatoriale sur la financiarisation du football, il en a été différemment, les 17 et 18 courant, pour le président et le rapporteur général de la commission des finances de l'Assemblée nationale, respectivement MM. Coquerel (FI-NFP) et de Courson (LIOT). Désireux de se voir remettre les lettres plafonds adressées aux membres du gouvernement dans la perspective du projet de loi de finances pour 2025, leurs déplacements à Matignon puis, le lendemain, au ministère de l'Économie ont été infructueux, des refus leur ayant été opposés. Pour la première fois sous la Ve République, le dépôt dudit projet de loi n'a pas respecté le calendrier parlementaire – au plus tard le 1er octobre (art. 39 de la LOLF) et a été reporté d'une semaine. Sur ces entrefaites, les documents réclamés ont été, en définitive, transmis aux instances parlementaires, le 25 septembre.

– *Préparation du projet de loi de finances de 2025.* M. Attal a adressé aux ministres « les lettres plafonds », le 20 août. Un gel des dépenses est prévu, à l'image du précédent budget, sous bénéfice d'« un budget réversible » pouvant être modifié par le nouveau gouvernement de plein exercice (*Le Monde*, 22-8).

Entre-temps, les commissions de l'Assemblée nationale ont désigné leurs rapporteurs, sous réserve du dépôt dudit projet, dès le 4 septembre (*JO*, 28-8). MM. Le Maire et Cazenave, ministres démissionnaires, ont été entendus, le 9 septembre, par la commission des finances de l'Assemblée nationale, après l'annonce, le 2 septembre, d'un nouveau dérapage des finances publiques (déficit public de 5,6 % du PIB en 2024) (*Le Monde*, 4-9).

– *Procédure de déficit excessif (art. 126 du TFUE).* La Commission européenne a accordé un délai supplémentaire à la France afin de lui soumettre un ensemble de mesures correctives pour fin octobre (*Le Monde*, 25-9).

V. *Assemblée nationale.*

Ministres

– *Bibliographie.* J.-M. Blanquer, *La Citadelle*, Paris, Albin Michel, 2024.

– *Acte de procédure.* La chambre d'instruction de la cour d'appel de Paris a rejeté, dans l'affaire Renault, le 2 juillet, le recours déposé par Mme Dati, ministre de la Culture, visant l'annulation de poursuites à son encontre (*Le Monde*, 4-7) (cette *Chronique*, n° 190, p. 172).

– *Cabinets ministériels.* Le décret 2024-892 du 23 septembre fixe leur composition (*JO*, 24-9). Le cabinet d'un ministre ne peut comprendre plus de quinze membres, celui d'un ministre délégué plus de dix et celui d'un secrétaire d'État plus de sept. Par exception, les cabinets des ministres délégués chargés de l'énergie et de l'industrie peuvent compter jusqu'à douze membres (art. 1er).

Les nominations des membres desdits cabinets sont faites par arrêté ministériel après avoir été soumises au Premier ministre. « Nul ne peut exercer des tâches s'il ne figure sur cet arrêté » (art. 2).

– *Longévité.* M. Le Maire a établi un record en quittant Bercy après sept années et quatre mois consécutifs en fonction dans les gouvernements Philippe, Castex, Borne et Attal. Son lointain prédécesseur, Valéry Giscard d'Estaing, a exercé des fonctions similaires pendant plus de douze ans, mais de manière fractionnée. À l'opposé, M. Lecornu siège au gouvernement de façon continue sous la présidence de M. Macron (décret du 21 juin 2017) (cette *Chronique*, n° 163, p. 176).

– *Ministre sportive.* Mme Oudéa-Castéra a plongé dans la Seine, à Paris, le 13 juillet, afin d'en attester la qualité de l'eau en vue des compétitions olympiques. Elle a devancé, le 17, Mme Hidalgo, la maire de Paris, qui a nagé avec MM. Guillaume, préfet d'Île-de-France et de Paris, et Estanguet, président du comité d'organisation de Paris 2024 (*Le Monde*, 15 et 18-7).

– *Ministres candidats aux élections législatives.* À ce scrutin, vingt-quatre membres du gouvernement sont entrés en lice. Aucun d'entre eux n'a été élu à l'issue du premier tour ; cinq se sont retirés de la compétition : Mmes Agresti-Roubache (Bouches-du-Rhône), Faure (Haute-Garonne), Guévenoux (Essonne), Khattabi (Côte-d'Or) et Miralles (Hérault). Au ballottage, la logique des désistements a permis l'élection de dix-sept ministres : Mmes Bergé (Yvelines, 10e), Ferrari (Savoie, 1re), Grégoire (Paris, 12e), Lebec (Yvelines, 4e), Pannier-Runacher (Pas-de-Calais, 2e), Thévenot (Hauts-de-Seine, 8e), MM. Attal (Hauts-de-Seine, 10e), Barrot (Yvelines, 2e), Berville (Côtes-d'Armor, 2e), Cazenave (Gironde, 1re), Darmanin (Nord, 10e), Fesneau (Loir-et-Cher, 1re), Kasbarian (Eure-et-Loir, 1re), Lescure (Français de l'étranger, 1re), Riester (Seine-et-Marne, 5e), Séjourné (Hauts-de-Seine, 9e) et Valletoux (Seine-et-Marne, 2e). À l'opposé, M. Guerini a été battu (Paris, 3e).

– *Ministres démissionnaires-députés.* V. *Assemblée nationale.*

– *Ministres démissionnaires du gouvernement Attal.* Ceux-ci ont été appelés à expédier les affaires courantes et urgentes (décret du 16 juillet) (*JO*, 17-7), et ce jusqu'au 21 septembre, date de la nomination des membres du gouvernement Barnier (*JO*, 22-9). Un record de la Ve République.

– *Nomination d'un ministre démissionnaire.* M. Séjourné, ministre des Affaires étrangères démissionnaire, secrétaire général du parti présidentiel Renaissance, député, a été désigné, le 16 septembre, par le président de la République, pour devenir commissaire européen chargé de la prospérité et de la stratégie industrielle, à la suite de la démission soudaine de M. Breton, provoquée par la présidente de la Commission européenne (*Le Figaro*, 17-9).

– *Nouvelle dénomination.* À côté des ministres délégués, le gouvernement Barnier comporte deux ministres auprès du Premier ministre (*JO*, 22-9).

– *Qualités requises.* À son tour (cette *Chronique*, n° 191, p. 172), M. Barnier a exhorté les membres de son gouvernement, lors de leur première réunion, à Matignon, le 23 septembre : « Soyez irréprochables et modestes » ; traitez avec « le même respect tous les partis ». « Nous avons besoin d'un nouveau style, a-t-il précisé, d'agir plus que de communiquer et d'agir avant de communiquer. Pas d'esbroufe, s'il vous plaît » (*Le Figaro*, 24-9). Le président de la République en a appelé à « l'union du pays et à l'intérêt supérieur de la nation », en conseil des ministres, à cette date.

– *Rappel à l'ordre.* M. Armand, ministre de l'Économie et des Finances, qui, lors d'un entretien sur France Inter, le 24 septembre, avait écarté le Rassemblement national de « l'arc républicain » au titre de prochaines consultations, a été recadré. Le Premier ministre a répliqué, sur-le-champ, en lui rappelant le principe susvisé du respect de tous les électeurs et des partis politiques représentés au Parlement. Téléphonant à Mme Le Pen, M. Barnier lui a présenté ses excuses (*Le Monde*, 26-9).

– *Reconversion professionnelle.* La HATVP a donné son accord au projet de M. Le Maire d'enseigner à Lausanne (Suisse), dans un avis publié le 19 septembre, ne discernant « aucun risque d'influence étrangère ». Simultanément, l'instance s'est déclarée favorable à la nomination de Mme Boone, ancienne secrétaire d'État chargée de l'Europe, à la direction française d'une banque espagnole (*Le Monde*, 21-9).

V. *Conseil des ministres. Cour de justice de la République. Déontologie. Gouvernement. Premier ministre. Président de la République.*

PARLEMENT

– *Bibliographie.* P. Türk (dir.), « Du nouveau au Parlement : enjeux procéduraux, politiques et institutionnels » (dossier), *RFDC*, n° 138, 2024, p. 439.

PARTIS POLITIQUES

V. *Élections législatives. Gouvernement. Premier ministre. Président de la République. République.*

POUVOIR RÉGLEMENTAIRE

– *Délégalisation.* De manière habituelle, le Conseil constitutionnel s'est prononcé, le 4 juillet, sur la nature juridique de certaines dispositions du code de la route et de celui des douanes (308 L).

V. *Loi.*

PREMIER MINISTRE

– *Bibliographie.* G. Larcher, « Le président de la République devra respecter le Premier ministre » (entretien), *Le Figaro*, 10-9 ; G. Tabard, « Quel parcours pour Michel Barnier, vingt-sixième Premier ministre de la Ve République ? », *Le Figaro*, 11-9.

– *Autorité.* Après avoir démenti M. Armand à propos de « l'arc républicain » deux jours plus tôt, M. Barnier a réuni, le 26 septembre, le ministre de l'Intérieur et le garde des Sceaux en matière pénale, sur fond du décès de l'étudiante Philippine (*Le Figaro*, 27-9).

– *Candidatures : la course de lenteur.* À l'issue des élections législatives anticipées, le Nouveau Front populaire, intergroupe le plus important de l'Assemblée nationale, a revendiqué le poste de chef de gouvernement. Tour à tour, au cours du mois de juillet, hormis Mme Ségolène Royal, autoproclamée, trois Premières ministres ont été proposées : Mme Huguette Bello, présidente du conseil régional de La Réunion, soutenue par le PCF, ancienne députée, le 12 (*Le Monde*, 14/15-7), puis Mme Laurence Tubiana, diplomate et économiste, ayant joué un rôle déterminant dans l'accord de Paris sur le climat, présentée par le PS, le PCF et les écologistes, le 15, qui ont renoncé, et, enfin, Mme Lucie Castets, directrice des affaires financières de la ville de Paris, le 22, candidate des quatre formations de gauche, dont FI. Mais, à deux reprises, les 23 juillet et 26 août, au nom de la « stabilité institutionnelle », la candidature de cette dernière sera repoussée, non sans hardiesse, par le chef de l'État, après avoir été la porte-parole de la gauche lors des entretiens de l'Élysée, le 23 août (*Le Monde*, 28-8).

– *Méthode d'action.* De sa qualité de commissaire européen chargé de la négociation avec le Royaume-Uni sur le Brexit, M. Michel Barnier a dégagé son moyen d'agir : « le compromis », qui n'est pas « la compromission », comme il l'a précisé, le 22 septembre (entretien sur France 2).

– *Nomination.* Au rythme de Pénélope, le chef de l'État a nommé, pour faire suite au scrutin législatif du 7 juillet, M. Michel Barnier, par décret du 5 septembre (*JO*, 6-9), Premier ministre. À 73 ans, c'est l'hôte le plus âgé de Matignon, succédant au plus jeune, M. Attal. Non-parlementaire présentement, après une carrière locale et nationale sous les présidents Mitterrand, lors de la cohabitation de 1993, Chirac et Sarkozy, puis commissaire européen, M. Barnier n'appartient pas, pour la première fois depuis 2017, au camp présidentiel. Membre du parti LR, il est cependant apparu comme le plus petit dénominateur commun avec le président Macron, assuré, de surcroît, à l'opposé des autres candidats à Matignon, de ne pas être dans l'immédiat censuré à l'Assemblée nationale, compte tenu de la retenue du Rassemblement national à son égard. Ainsi protégé, le nouveau Premier ministre est à même de préserver, à son tour, le bilan du chef de l'État, menacé par sa défaite. M. Barnier est le vingt-sixième titulaire de la fonction sous la Ve République. Sa nomination a été décriée : la « victoire volée au peuple souverain », selon M. Mélenchon.

– *Premier ministre démissionnaire, député et président de groupe parlementaire.* M. Attal, réélu député (Hauts-de-Seine, 10e), a été élu, le 13 juillet, président du groupe Ensemble pour la République, composante du camp présidentiel, « prêt à tout réinventer, à tout reconstruire » (*Le Monde*, 17-7).

– *Premier ministre démissionnaire émancipé.* « J'ai sauvé la République, a confessé M. Attal, au soir du scrutin législatif. [Car] cette dissolution, je ne l'ai pas choisie mais j'ai choisi de ne pas la subir » (déclaration de Matignon, 7 juillet). Sauf « nécessité de service », le dialogue au sein de l'exécutif a été réduit au minimum. Au nom de son « devoir », le Premier ministre a préparé, à titre essentiel, le projet de loi de finances de 2025, avec l'envoi des lettres plafonds aux ministres. Nonobstant la « frustration » éprouvée par M. Attal lors de la cessation de ses fonctions, le 5 septembre (*JO*, 6-9), son dernier acte aura été au service de l'État de droit. À cet effet, il a rendu l'agrément gouvernemental à l'association Anticor, le tribunal administratif de Paris ayant décidé, le 9 août, de suspendre son refus implicite (*Le Monde*, 14-8).

– *Titre*. À l'instar de ses prédécesseurs (cette *Chronique*, n° 183, p. 175), M. Barnier a été « chargé de la planification écologique et énergétique » (décret du 21 septembre) (*JO*, 22-9). Sur sa proposition, le président de la République a nommé les membres de son gouvernement.

– *Vacances*. M. Attal a séjourné, en août, en Corse (*Voici*, 23-8).

V. *Élections législatives. Gouvernement. Loi de finances. Président de la République*.

Président de la République

– *Bibliographie*. Fr. Hollande, *Le Défi de gouverner*, Paris, Perrin, 2024 ; Ph. Bas, « Le président ne peut pas se réfugier sur son Aventin » (entretien), *Libération*, 14/15-8 ; A. Beuve-Mery, « Domaine réservé », *Le Monde*, 26-9 ; J.-L. Mélenchon, M. Panot et M. Bompard, « Démettre le président plutôt que nous soumettre » (tribune), *La Tribune Dimanche*, 18-8 ; S. de Royer, « Gouvernement : Macron n'en finit pas de prendre son temps », *Le Monde*, 18/19-8.

– *Anciens présidents*. M. Hollande a été élu député (NFP) (Corrèze, 1re) au scrutin de ballottage, le 7 juillet. C'est le second chef de l'État de la Ve République qui, après Valéry Giscard d'Estaing en 1984, rejoint l'Assemblée nationale. Il a choisi de siéger à la commission des affaires étrangères. Tandis que M. Sarkozy est devenu le seul membre de droit et à vie du Conseil constitutionnel, bien qu'en retrait, sa conjointe, Mme Carla Bruni-Sarkozy, a été mise en examen pour « recel de subornation de témoin » dans l'affaire du financement de la campagne présidentielle de son conjoint de 2017, une première sous la République. Après avoir souhaité que les membres de LR « œuvrent à faire nommer un Premier ministre de droite » (entretien au *Figaro*, 31-8/1er-9), M. Sarkozy sera entendu et appelé en consultation par le chef de l'État, le 2 septembre, ainsi que M. Hollande (*Le Figaro*, 3-9), ce dernier œuvrant, en revanche, pour la social-démocratie, à rebours de la direction du PS.

– *Aveu ?* « La majorité sortante a perdu cette élection », a reconnu M. Macron. Mais, précise-t-il, « personne n'a gagné les législatives » (entretien sur France 2, 23-7) (*Le Figaro*, 24-7). Cependant, l'autorité présidentielle a été préservée lors de la formation du gouvernement Barnier.

– *Budget*. Le rapport annuel de la Cour des comptes, publié en ligne le 29 juillet, a mis en cause la gestion financière de l'Élysée, un montant record de charges (125 millions d'euros), avec un déficit également record (8,3 millions d'euros). La Cour a suggéré des « efforts significatifs » afin d'y remédier. Deux dîners d'État fastueux, en l'honneur du Premier ministre indien et du roi Charles III, en

2023, ont été relevés par les magistrats, de même que l'augmentation des déplacements à l'étranger (*Le Monde*, 1er-8).

– *Collaborateur.* Comme à son habitude, M. Kohler, secrétaire général de l'Élysée, a été à la manœuvre à l'occasion de la crise politique découlant de la dissolution insolite de l'Assemblée nationale. Son appui à la candidature de M. Barnier s'est révélé déterminant (*Le Monde*, 11-9).

– *Conjointe.* Le tribunal judiciaire de Paris a condamné, le 12 septembre, deux personnes pour diffamation publique envers Mme Macron.

– *Chef de la diplomatie.* De manière unilatérale et au mépris de la « trêve politique » qu'il avait annoncée, le 23 juillet, le président Macron a adressé, le 30 courant, une lettre au souverain marocain, Mohammed VI, à l'occasion du vingt-cinquième anniversaire de son règne, au sujet du Sahara occidental, objet d'un conflit régional. Il a opéré un revirement en faveur du plan d'autonomie de Rabat, provoquant la réaction immédiate de l'Algérie, qui a rappelé son ambassadeur à Paris (*Le Monde*, 31-7).

Le chef de l'État a placé le Premier ministre devant le fait accompli, semble-t-il, s'agissant de la désignation de M. Séjourné, ministre des Affaires étrangères démissionnaire, pour un poste de commissaire européen, le 16 septembre, sur fond de tension avec la présidente de la Commission européenne, à l'origine du départ de M. Breton. « Domaine partagé », selon M. Barnier, ne rime donc pas avec « domaine réservé » de M. Macron (*Le Monde*, 20-9).

Intervenant à l'Assemblée générale des Nations unies, le 25 septembre, le chef de l'État s'est prononcé pour un cessez-le-feu immédiat à Gaza et au Liban (*Le Monde*, 27-9). M. Barrot, ministre des Affaires étrangères, s'est rendu, le 29 septembre, à Beyrouth, pour apporter une aide humanitaire au Liban (*Le Figaro*, 30-9).

– *Destitution (art. 68 C).* En réaction au refus présidentiel, le 23 juillet, de nommer Première ministre Mme Castets, désignée par le NFP, coalition arrivée en tête à l'issue des élections législatives de 2024, M. Macron a été visé, comme M. Hollande en novembre 2016 (cette *Chronique*, n° 161, p. 202). « Le président de la République n'est pas un monarque disposant d'un droit de veto suspensif sur le résultat du vote démocratique », d'après les signataires de la tribune précitée. Un tel « déni de démocratie » ou « coup de force » serait donc constitutif d'un « manquement à ses devoirs » de la part du chef de l'État, « manifestement incompatible avec l'exercice de son mandat » (art. 68 C). Des manifestations se sont déroulées, les 7 et 21 septembre.

À l'initiative du groupe FI de l'Assemblée nationale, une proposition de résolution en vue de mettre en œuvre la procédure de destitution a été déclarée recevable par le bureau, le 17 septembre, par 12 voix contre 10. Reprenant l'argumentation avancée à l'époque par l'un de ses prédécesseurs au perchoir, M. Bartolone, Mme Braun-Pivet a considéré qu'il était « de la responsabilité des membres du bureau de juger du caractère sérieux des motifs invoqués et de vérifier s'ils sont susceptibles de caractériser un manquement au sens de l'article 68 de la Constitution », et qu'en conséquence l'irrecevabilité s'imposait (*Le Figaro*, 18-9).

– *Fin de l'hyperprésident ?* Au lendemain de son nouvel échec électoral, le président Macron aurait cessé d'être tout à la fois chef de l'État et ministre de tout, selon ses dires, au Havre, le 12 septembre. Garant des institutions, au sens de l'article 5 C, ou de la vision orléaniste de la Ve République, le Premier ministre aurait « les coudées franches ». Au reste, son puissant secrétaire général, M. Kohler, a annoncé, le 5 septembre, que les « fils » entre Matignon et la présidence (*via* les réunions interministérielles et les conseillers partagés) avaient été coupés (*Le Monde*, 13/14-9). En somme, une présidence relative, mais toute relative, à l'instar du second mandat de François Mitterrand en 1988 ? Dans une vision réaliste, la désignation de M. Séjourné, puis la nomination des membres du gouvernement Barnier, nonobstant l'affirmation de M. Macron à Chartres, le 20 septembre, selon laquelle celui-ci agissait « en pleine liberté », sont de nature à dissiper l'illusion.

– *La soumission présidentielle : la « demande aux forces politiques ».* Conformément à la lettre adressée aux Français le 10 juillet, M. Macron a demandé, en contradiction avec la Ve République, en vue de la nomination du Premier ministre, « à l'ensemble des forces politiques se reconnaissant dans les institutions républicaines, l'État de droit, le parlementarisme, une orientation européenne et la défense de l'indépendance française, d'engager un dialogue sincère et loyal pour bâtir une majorité solide, nécessairement plurielle pour le pays » : « Les idées et les programmes avant les postes et les personnalités [...]. Ce que les Français ont choisi par les urnes – le front républicain –, les forces politiques doivent le concrétiser par leurs actes [...] pour bâtir ces compromis avec sérénité et respect de chacun » (site de l'Élysée). La nomination du Premier ministre (art. 8, al. 1er C), « c'est une responsabilité majeure du président qu'il ne peut déléguer à personne. C'est à lui de choisir un Premier ministre », a rappelé justement M. Bas, sénateur (LR) (*Libération*, 14/45-8). Mais, entre-temps, les partis politiques ont tenu en échec la Constitution : le chef de l'État s'est mis entre leurs mains, et le Rassemblement national, écarté du pouvoir par les électeurs, est devenu le maître du jeu institutionnel.

– *« Maison Élysée ».* Située au 88, rue du Faubourg-Saint-Honoré, en face du Palais, sur deux étages et six cents mètres carrés, cette maison a été inaugurée par le président Macron, le 24 juillet (*Le Monde*, 27-7).

– *Nomination du Premier ministre (art. 8 C).* Le président de la République a fait « le choix de la stabilité » en désignant M. Michel Barnier (LR), au terme d'un processus de consultation inédit sous la Ve République, une sorte d'éliminatoire de nominés confinant au vaudeville.

I. Après avoir accepté la démission de M. Attal et de son gouvernement, le 16 juillet, chargé de l'expédition des affaires courantes et urgentes, M. Macron a précisé : « J'ai fait ce choix [...] en reportant la nomination d'un Premier ministre après les Jeux olympiques. Nous ne sommes pas en situation de changer les choses parce qu'on créerait un désordre » (entretien sur France 2, 23-7) (*Le Figaro*, 24-7). D'où le rejet brutal (« le sujet n'est pas là ! ») de la candidature de Mme Lucie Castets, présentée par le NFP, après l'échec de son élu au « perchoir » de l'Assemblée nationale, M. Chassaigne, le 18 juillet, et, le mois suivant, lorsque les représentants des autres groupes parlementaires consultés se prononceront pour la censure d'un gouvernement de gauche. Ce faisant, le chef de l'État a délibérément écarté la procédure parlementaire, expression de la démocratie, en renonçant à « lever l'hypothèque » de la gauche, le bloc le plus important de la nouvelle législature, comme l'on disait jadis. « Déni de démocratie », s'écriera le NFP, non sans raison, du point de vue du droit parlementaire.

II. En quête d'un nouveau Premier ministre, M. Macron s'est évertué à consulter, à partir du 23 août, les représentants des partis au Parlement, invités selon leur ordre numérique avenue Gabriel et dans son allée de bosquets : d'abord ceux du NFP emmenés par Mme Castets, puis ceux de la coalition présidentielle (MM. Attal, Bayrou et Philippe), du parti LR (MM. Wauquiez, Retailleau et Mme Genevard), les délégués du groupe LIOT et du Parti radical. Le Rassemblement national (Mme Le Pen et M. Bardella) et son allié (M. Ciotti) seront reçus le 26, ainsi que les présidents des assemblées parlementaires (*Le Monde*, 24-8). Une nouvelle série de consultations a concerné, après le rejet de la seconde candidature de Mme Castets, des membres de LR autour de M. Wauquiez, le 28 août, les représentants des élus locaux, MM. Lisnard, pour les maires de France, Sauvadet, pour les départements, et Mme Delga, pour les régions (*Le Monde*, 30-8). Une troisième série s'est ouverte, le 2 septembre, avec les anciens présidents de la République, M. Cazeneuve, ancien Premier ministre de M. Hollande, M. Xavier Bertrand, président (LR) de la région Hauts-de-France, et M. Beaudet, président du Conseil économique, social et environnemental (*Le Monde*, 4-9). Le président Larcher et les dirigeants LR ont été réunis derechef par M. Macron, le 3 septembre. Au cours de ces journées, en vue de « tester » des candidatures, à défaut de s'en remettre, selon la logique démocratique, à la représentation nationale, le Président a joint par téléphone des responsables politiques, et réciproquement, à l'exemple de Mme Le Pen. Le choix présidentiel se portera, de manière soudaine, sur M. Michel Barnier, le 5 septembre, en vue de former un « gouvernement de rassemblement », dès lors qu'il échappait à une motion de censure immédiate à l'Assemblée nationale ; le Rassemblement national n'y était pas opposé, par principe (*Le Figaro*, 6-9). Et ce, d'autant plus que la capacité d'agir du chef de l'État est neutralisée, pendant un an, en matière de dissolution (art. 12, al. 4 C). Après la précipitation pour cette dernière, la procrastination pour le choix du Premier ministre, somme toute !

– *Nomination des autres membres du gouvernement (art. 8, al. 2 C)*. Le président Macron a pleinement exercé son nouveau pouvoir d'acceptation (veto ?) des propositions du Premier ministre. Des noms ont été barrés, à l'exemple de ceux de M. Bas, sénateur (LR), et de M. Marleix, député (DR).

– *Politique de la mémoire*. Le chef de l'État a poursuivi les commémorations de l'année 1944 (cette *Chronique*, n° 191, p. 171). Il a présidé, le 15 août, le quatre-vingtième anniversaire du débarquement allié et français en Provence, en se rendant aux côtés de présidents africains à la nécropole de Boulouris-sur-Mer, proche de Saint-Raphaël (Var) (*Le Monde*, 17-8). Depuis la place Denfert-Rochereau à Paris, la libération de la capitale a été commémorée, le 25 août (*Le Monde*, 27-8). M. Macron a été présent, aux côtés de

M. Philippe, au Havre, le 12 septembre (*Le Monde*, 14-9).

– *Proclamations.* À deux reprises, le président Macron a proclamé l'ouverture des Jeux d'été à Paris, un siècle après ceux de 1924 : olympiques, le 26 juillet, au cours d'une cérémonie regardée par vingt-trois millions de téléspectateurs, et paralympiques, le 24 août. À ce propos, sous la Ve République, le général de Gaulle avait procédé ainsi pour les Jeux olympiques d'hiver à Grenoble, en 1968, et François Mitterrand, pour ceux d'Albertville, en 1992. Le 14 septembre, en présence du chef de l'État et du Premier ministre, la parade des athlètes et des bénévoles s'est déroulée sur les Champs-Élysées. Puis M. Macron a décoré de l'ordre national de la Légion d'honneur, devant l'Arc de triomphe, les médaillés. La vasque olympique s'est éteinte une dernière fois dans le ciel de Paris (cette *Chronique*, n° 191, p. 146).

– *Relation avec le Premier ministre.* Faute d'une majorité alternative, le terme de cohabitation ne s'impose plus. Celui de « coexistence exigeante », avancé par le chef de l'État, en rend compte (*Le Monde*, 24-9).

– *Rôle.* Par sa lettre aux Français publiée le 10 juillet dans la presse régionale, le chef de l'État a rappelé son rôle à l'issue des élections de juin : « Président de la République, je suis à la fois protecteur de l'intérêt supérieur de la nation et garant des institutions et du respect de votre choix » (site de l'Élysée). Dont acte.

– *« Trêve olympique et politique ».* Le chef de l'État s'est prononcé en ce sens, le 22 juillet, sur France 2, à la veille de l'ouverture des Jeux olympiques, sans se l'appliquer à lui-même. La trêve olympique n'a pas été respectée, à l'opposé, par les belligérants en Ukraine et à Gaza (cette *Chronique*, n° 191, p. 146).

– *Vacances.* Fidèle désormais à son habitude, M. Macron s'est rendu au fort de Brégançon à partir du 28 juillet, séjour entrecoupé par des allers-retours dans la capitale pour soutenir et féliciter des athlètes français et assister à la cérémonie de clôture des Jeux olympiques, le 11 août, au Stade de France, à Saint-Denis (Seine-Saint-Denis). Il a participé, le 17 août, à la cérémonie de la libération de la commune de Bormes-les-Mimosas (Var), avant de regagner Paris, le 22.

V. *Assemblée nationale. Élections législatives. Gouvernement. République.*

QUESTION PRIORITAIRE DE CONSTITUTIONNALITÉ

– *Non-lieu à statuer.* Selon une démarche classique, le Conseil constitutionnel peut seulement, dans le cadre de la QPC, se prononcer sur la constitutionnalité d'une disposition législative. En l'espèce, la règle fixée par l'article 13 de l'ordonnance du 10 septembre 1817 revêt un caractère réglementaire car désormais issue du décret du 11 janvier 2002 (1104 QPC).

– *Saisine du Conseil constitutionnel en raison de l'expiration du délai de trois mois imparti à la Cour de cassation ou au Conseil d'État (art. 23-4 et 23-5 de l'ordonnance du 7 novembre 1958).* Faute, pour la Cour de cassation, d'avoir statué dans le délai imparti, celle-ci a constaté son dessaisissement et le Conseil constitutionnel a examiné la contestation (1104 QPC) (cette *Chronique*, n° 186, p. 184).

RÉPUBLIQUE

– *Bibliographie.* A. Bellanger, *Les Derniers Jours du Parti socialiste*, Paris, Seuil, 2024 (roman à clé sur la Vᵉ République) ; P. Avril, « Une analyse structurale de la Vᵉ République », JusPoliticum.com, 2-9 ; H. Portelli, « Comment Emmanuel Macron a tué la Vᵉ République » (tribune), *Le Figaro*, 5-9 ; J.-É. Schoettl, « L'instauration de la proportionnelle serait le dernier clou sur le cercueil de la Vᵉ République » (tribune), *Le Figaro*, 12-9 ; *id.* et J.-P. Camby, « Trois corps, trois astres, trois blocs : un ticket pour le chaos ! » (tribune), *Le Figaro*, 9-7 ; D. Turpin, « La "langue de la République" triplement menacée », *Politeia*, n° 44, 2023, p. 55.

– *Fête nationale.* Le défilé militaire, en format réduit, s'est déroulé avenue Foch, à Paris, les Champs-Élysées étant réservés aux Jeux olympiques (*Le Figaro*, 15-7).

– *Laïcité (art. 1ᵉʳ C).* Le Conseil d'État a rejeté, le 27 septembre, la demande d'annulation de la note de service du ministre de l'Éducation nationale datée du 31 août 2023, interdisant le port de tenues de type abaya dans les établissements d'enseignement publics (cette *Chronique*, n° 188, p. 167) (*Le Figaro*, 28-7).

– *Le retour du régime parlementaire : « le président préside et le gouvernement gouverne ».* L'affirmation de M. Barnier, sur TF1, le 6 septembre, reprenant la formule de M. Jospin en 1997, « en bonne intelligence », est révélatrice du changement institutionnel, au titre de l'article 20 C, après l'échec de la dissolution de l'Assemblée nationale. De manière topique, le Premier ministre précisera : « J'agis sous le contrôle du Parlement, et c'est lui qui aura la clé pour que le gouvernement tienne » (entretien au *Journal de Saône-et-Loire*, 27-9). Est-ce pour autant l'affirmation d'une nouvelle cohabitation, à l'instar de celles de 1986, 1993 et 1997 ? Non point, car l'implosion du pouvoir présidentiel ne s'est pas accompagnée d'un changement de majorité inhérent à la bipolarisation, mais de sa disparition avec la tripartition. Au demeurant, une situation originale se présente, celle du parlementarisme orléaniste et pleinement bicaméral, en raison du rôle accru de la Haute Assemblée, où M. Barnier a naguère siégé.

– *« Le temps nouveau de la vie du pays ».* En ces termes, le chef de l'État a salué, en conseil des ministres, le 23 septembre, les membres du gouvernement Barnier. De fait, un gouvernement de coalition, pluriel, à front renversé d'un point de vue électoral et parlementaire (*Le Figaro*, 24-9).

– *Pour qui sonne le glas ?* En s'en remettant aux partis politiques pour remédier à la crise institutionnelle née d'une dissolution inouïe, le chef de l'État a précipité l'agonie de la Constitution à bien des égards. La partitocratie s'est refermée sur le président et plus encore sur la démocratie. La Vᵉ République marcherait-elle sur la tête ? On ne peut se défaire de ce sentiment inquiétant, quand les perdants sont les gagnants face au suffrage universel.

– *Rituel républicain.* M. Attal, Premier ministre démissionnaire, a (enfin) planté, le 2 septembre, son arbre (un érable cannelle) dans les jardins de Matignon, comme la tradition, initiée par Raymond Barre en 1976, le veut (cette *Chronique*, n° 191, p. 168).

V. *Élections législatives. Gouvernement. Premier ministre. Président de la République.*

SÉANCE

– *Discipline.* À la suite de la demande de M. Delogu (FI) (Bouches-du-Rhône, 7e) visant à se faire restituer le drapeau palestinien brandi dans l'hémicycle (un comportement pour lequel il a été sanctionné) (cette *Chronique*, n° 191, p. 175), la présidente de l'Assemblée nationale a indiqué, par courrier en date du 10 septembre, que, « conformément à un usage constant, les objets retirés aux députés [...] ne sont pas restitués ».

SÉNAT

– *Bibliographie.* M. Darame et R. Garrat-Valcarcel, « Le Sénat, place forte du gouvernement Barnier », *Le Monde*, 25-9.

– *Composition.* Un sénateur (UC) a été élu député, M. Bonnecarrère (NI) (Tarn, 1re). Mme Girardin (Saint-Pierre-et-Miquelon, 1re) a été déclarée, par le Conseil constitutionnel (6293 SEN), inéligible (en raison de l'absence, lors des élections sénatoriales de septembre 2023, des relevés bancaires sur le compte de campagne attestant des opérations réalisées par son mandataire financier) et donc démissionnaire d'office de son mandat, le 13 septembre. Par ailleurs, le Conseil a prononcé, les 20 et 27 septembre, plusieurs décisions d'inéligibilité à l'égard de candidats aux élections sénatoriales de 2023, faute, pour les intéressés, d'avoir déposé leur compte de campagne dans les délais impartis (6289 SEN et suiv.).

– *Président.* Aux côtés de MM. Wauquiez, président du groupe DR à l'Assemblée nationale, et Retailleau, président du groupe LR au Sénat, le président Larcher a joué un rôle essentiel dans la naissance du gouvernement de coalition, au cours de l'été, et dans l'autorité renforcée de la Haute Assemblée.

V. *Commission d'enquête. Gouvernement. Premier ministre. Session.*

SESSION

– *Session de plein droit.* En application de l'article 12 de la Constitution, l'Assemblée nationale, après le scrutin législatif consécutif à la dissolution, « se réunit de plein droit le deuxième jeudi qui suit son élection. Si cette réunion a lieu en dehors de la période prévue pour la session ordinaire, une session est ouverte de droit pour une durée de quinze jours ». Cette session de droit s'est tenue du 18 juillet au 1er août, avec un ordre du jour des plus restreints : élection de la présidente de l'Assemblée nationale le premier jour et des membres du bureau le lendemain. Le 20 juillet, la conférence des présidents, chargée de déterminer la suite de l'ordre du jour, a acté que sa prochaine réunion n'aurait pas lieu avant... septembre. La présidente de la XVIIe législature a constaté la clôture de cette session, le 1er août (*JO*, 2-8).

De son côté, le Sénat s'est réuni pour une unique séance, le 18 juillet. Une discussion entre groupes sur la situation politique à l'issue des élections législatives a été organisée. Préalablement, le président Larcher a considéré que la Haute Assemblée « a une responsabilité particulière de préservation des institutions et de protection des libertés dans la période qui s'ouvre ».

V. *Assemblée nationale. Sénat.*

SUMMARIES
MATIGNON

Pierre-Emmanuel Guigo

The Origin of French Prime Ministers

What can the history of Number Two teach us about the emergence of the function of prime minister? While this position, submitted to the pressure of Number One and of the Parliament or the Court is particularly difficult to occupy, it proves necessary so long as a process of division of labour is being implemented. Number Two is often the backbone of elaborate political organisations, acting as a linchpin between the different powers. The prime ministers of the Fifth Republic are therefore, to some extent, the heirs of the Super Ministers and Vizirs of the past.

Delphine Dulong

The Relationship Between the Élysée and Matignon: A Less and Less Personal Institutional Problem

Since the beginning of the Fifth Republic, much has been written about the relationship between the president and the prime minister, and the five-year term has changed little about this. Before and after the year 2000 reform, the Élysée remains dependent on Matignon. And while, after the law, the heads of state have the power to pick their prime ministers, in fact this choice is constrained by the political situation and each president's own history. However, loyalty toward the president no longer seems as important as in the past: being obliged to control political communication during a reduced mandate, presidents have preferred to reinforce their own control over the government rather than to rely on the voluntary servitude of the prime minister.

Christophe Le Digol

The Prime Minister as Majority Leader

The article analyses the ambiguous role played by the prime minister as "majority leader" under the Fifth Republic, a title that is often referred to but is not mentioned in the Constitution. Although this role is frequently attributed to him in political speeches, its recognition depends on the political balance of forces, on the political capital of the prime minister and on his ability to mobilise his majority. With the strengthening of presidential power in 1962 and, more recently, the establishment of the five-year mandate, the leadership of the prime minister has become a complex power game influenced by the relations with the president and the changing institutional arrangements.

Basile Ridard

The Prime Minister as a Leading Parliamentary Player

The prime minister plays multiple roles in the parliamentary chambers. First among ministers, he is also the major political actor in Parliament and is deeply involved all along the legislative process. Having major control over the content of bills, he makes every effort to impose his own rhythm of reforms to the chambers, at the expense of parliamentarians. While the latter should be in a position to monitor accurately the government's action, it must be noted that this monitoring does not measure up to the key role played by the prime minister.

Charles-Édouard Sénac

The Prime Minister and the Constitutional Council: A Game of Love and Chance

The prime minister and the Constitutional Council have a privileged relationship in the exercise of constitutional justice. Since the 1970s, both institutions have established, through the intermediary of their general secretaries, close links in the process of *a priori* constitutionality review. Through the voice of the Government's General Secretariat, the prime minister is the self-proclaimed defender of the law and, what's more, he enjoys a privileged status vis à vis the other actors involved in the procedure. The instauration of the preliminary question of constitutionality in 2010 has not challenged the solidity of this institutional couple: while the head of government is a party equal to others in the new institutional procedure, he remains faithful to his paradoxical yet traditional mission of upholder of the law before the Constitutional Council.

Brigitte Gaïti

The Prime Minister as First Among Ministers: Reviewing Inter-Ministerial Relations

Has the prime minister become the first among ministers? To answer the question, one must first follow the process of emergence of a preeminent yet contested prime minister within the government, and then question the new decision-making architecture which grew out of the reforms of the state introduced since the 1980s and contributed to reigning in the ministers and their departments.

MATTHIEU CARON
The Prime Minister in Governmental Law
In governmental law, the prime minister is the first normative and disciplinarian authority. On the one hand, he is the chief administrator of the government's inner order that he manages daily through decrees, by-laws, circulars, *interna acta corporis* (everyday small deeds) and unwritten rules replicated over time. On the other hand, he is the first guardian of the implementation of governmental law, whose action he controls thanks to his administrative power of initiative, coordination and organisation, and whose non-implementation he can penalise given his political powers of instruction and decision.

FRANÇOISE DREYFUS
The Director of the Prime Minister's Cabinet
Since 1958, the directors of the Prime Minister's Cabinet have been usually recruited within the higher civil service. This means that among their multiple tasks, the most important one is the coordination of governmental action, which implies a good knowledge of the procedures and of the administrative milieu. Benefitting from the trust of the prime minister, it is up to them to validate the government's members communication, to take multiple decisions and, on many occasions, to stand for the head of government who is assured of their loyalty.

AURÉLIE BRETONNEAU
The Prime Minister's Office
Following the emergence of Matignon over successive Republics, the prime minister's office represents a heterogeneous, complex, and ever-changing galaxy. Between the offices needed by the prime minister to perform his own functions and those that need to be attached to the prime minister to perform their own obligations, we can see the wealth of missions and the strength of the institutional foundation of the head of government, who benefits both from the overhang of an inter-ministerial position and the confidence provided by his prime ministerial position.

MARC OLIVIER BARUCH
After Matignon
It is a fact of the French Constitution that almost all those who have reached the last step before the summit, i.e. prime ministers, openly or secretly strive to aim even higher and reach the Presidency. Since 1959, very few have succeeded in doing so and, as a consequence, many of them have had to find a new role after "Matignon's inferno". Before the banning of multiple mandates, several chose to withdraw in their region where they became undisputed potentates. Today, things must be reinvented, which is not easy.

CHRONICLES

PIERRE ASTIÉ, DOMINIQUE BREILLAT AND CÉLINE LAGEOT
Foreign Chronicles
(July 1st – September 30th, 2024)

JEAN GICQUEL AND JEAN-ÉRIC GICQUEL
French Constitutional Chronicle
(June 30th – September 30th, 2024)

ISSN 0152-0768
ISBN 978-2-02-157935-2
CPPAP 59-303

RÉALISATION : NORD COMPO À VILLENEUVE-D'ASCQ
IMPRESSION : PRÉSENCE GRAPHIQUE À MONTS
DÉPÔT LÉGAL : JANVIER 2025. N° 157935
Imprimé en France